LE SERPENT
DE LA CONNAISSANCE
ET DE LA TRANSGRESSION

JAD HATEM

LE SERPENT
DE LA CONNAISSANCE
ET DE LA TRANSGRESSION

Jdeidé, Liban
Centre Baylayan, 7ème étage

Tél./fax: +961 1 900624

info@entire-east.com
www.entire-east.com

ISBN: 978-614-451- 240-1

« L'esprit doit tendre à la vérité, et la vérité est une » (Renée-Pélagie de Sade). « Le mal engendre le mal » (George Sand). « Mais avec mes périls, je suis d'intelligence » (Paul Valéry, *La Jeune Parque*).

À Alexandra Roux

AVANT-PROPOS

L'âge d'or biblique diffère du sumérien par ceci que ce dernier n'abrite pas un serpent[1], principe, véhicule ou simples prétexte et occasion du mal. Un âge de fer ne succède pas au primordial par l'effet d'une cause extérieure. C'est en lui-même que l'état de bonheur et d'innocence porte la possibilité (et peut-être même la nécessité) d'un renversement et c'est de lui-même qu'il l'opère.

De l'ambivalence foncière du serpent en symbolique (générale et particulièrement religieuse et alchimique), on retiendra ici le rôle que lui fait jouer l'interprétation du chapitre III de la Genèse soit dans le sens de la perdition, soit dans celui de la salvation. De même que du venin remède peut être extrait, ainsi du serpent le bien ou le mal, à moins que ce soit le bien et le mal dans leur convergence problématique : le bon esprit (*agathos daimôn*) *et* le mauvais, la rupture *et* la révélation, la justice *et* le péché, bref : l'accès à la sagesse *moyennant* la prise en compte et la transgression des limites, la réalisation de soi au prix d'une descente aux enfers.

---

1. « Autrefois, il fut un temps où il n'y avait pas de serpent, il n'y avait pas de scorpion, il n'y avait pas d'hyène, il n'y avait pas de lion ; il n'y avait pas de chien sauvage, ni de loup ; il n'y avait pas de peur ni de terreur : l'homme n'avait pas de rival » (*Enmerkar et le seigneur d'Aratta*, cité par Samuel Noah Kramer dans *L'Histoire commence à Sumer*, Paris, tr. Champs Flammarion, 1994, p. 151).

Le serpent, secret de l'autoconnaissance de l'homme, est en ce dernier le processus antagonistique qui fait saillir l'être. Pour cela, il lui a fallu être du chaos non l'engeance, mais la résurgence sous la forme d'une déchirure qui lézarde la forme et d'une scission qui demeure béante même lorsqu'il se mord la queue dans le mouvement de la science qui rapporte à soi le divers de l'expérience. Est-ce à dire que force qui outrage l'être, méchanceté et souffrance et passant pour énigmatiques, séparément et ensemble, sont finalement élucidées quant à leur principe ?

De savoir quelle est l'origine des maux de l'humanité et quels en furent les premiers commencements, la question intéresse au plus haut point la raison, clame le très jeune Schelling[2]. Il n'est guère étonnant que le dernier vestige de l'Éden, la raison, en sa souveraineté, veuille se saisir même de l'irrationnel dans la forme ambiguë de ce qui n'aurait pas dû être et qui pourtant se déclare et s'impose avec puissance d'effectivité (car il n'est pas manque d'être), voire même avec surpuissance. De deviner que le mal en nous et hors de nous n'est guère un accident de la raison absolue, mais une expression de l'abîme (dont il est une supposition nécessaire, comme, pour Kant, la liberté en est une de la raison[3]), n'incite pourtant pas à renoncer à l'interrogation après qu'elle a été rendue plus qu'ardue, infinie.

Le présent essai faisait initialement partie de l'ouvrage intitulé : *L'Anomie et son chaos : Conrad et Lenz, Sand et Sade,* ce qui explique les allusions à ces romanciers au fil des pages et dans les notes.

---

2. Incipit de l'*Antiquissimi de prima malorum humanorum origine* (SW I, p. 3).
3. *Fondement de la métaphysique des mœurs*, Ak IV, p. 459.

CHAPITRE I

SAVOIR ET PERDITION

« Vous avez emprunté votre esprit
de l'enfer » (Sade).

Par ses énigmes autant que par ses beautés, par son importance déclarative à l'orée de la Bible et de l'histoire du genre humain autant que par son retentissement dans l'Épître aux Romains de saint Paul et la dogmatique, le récit de la transgression originelle (on pourrait dire : de l'anomie primordiale)[4] n'a cessé de retenir l'attention des Pères et des critiques et d'inspirer poètes, peintres et spirituels. Sa valeur universelle vient de ce qu'il touche à l'ultime en l'homme et le concerne donc en entier. Ce document incomparable (quels que soient ses parallèles extra bibliques) n'a pas fini de livrer ses secrets si tant est qu'il fonde une théologie sur une symbolique laquelle est par nature polysémique.

On sait que le récit de la chute est dû à la plume du Yahviste. Sa théologie est centrée sur l'Alliance contractée entre Yahvé et son peuple et donc sur leur communion qui n'a pu être rompue que par l'homme. Elle

---

4. L'anomie comme inconformité à la Loi, explique Luther, inclut les deux transgressions, de l'esprit et du corps (*Œuvres*, X, Genève, Labor et Fides, 1967, p. 237).

cherche à expliquer, d'une part, la disposition générale de Yahvé comme Dieu de l'Alliance reconduite, et d'autre part, la répétition humaine de la rupture (l'Élohiste insistera sur l'idolâtrie renaissante des fils d'Israël) par un acte de rébellion premier qui eut une incidence fâcheuse sur l'humanité et la disposa à la transgression (cf. 8:21 et par ailleurs Psaume 51:7)[5]. Le constat est amer, de l'insubordination à l'injustice. Même les justes que furent les Patriarches se rendirent coupables de malversations, de trahisons, de mensonges : *non possum non peccare !*

L'intervention de Yahvé en faveur de Noé et d'Abraham et, par leur médiation, de l'humanité, a pour raison négative l'impossibilité pour l'homme de réintégrer la paix du Paradis dont l'entrée est, depuis chuté, gardée par les chérubins (Genèse 2:24). Le caractère faillible de l'humanité apparaît comme une flexion du premier péché dans un être devenu vulnérable, et l'Alliance comme l'accord vulnéraire. Cependant, par la seule considération de la rupture de l'Alliance naturelle par Adam rien n'est encore acquis quant au sens de la défection. Je doute que la théologie puisse se suffire du simple fait de la transgression sans avoir à explorer la signification de la séquence dans sa représentation symbolique (arbre...), sa caractérisation notionnelle (connaissance, bien et mal), sa position existentielle (liberté formelle, innocence, nudité, honte, sentiment de faute...) et l'analyse des motifs tels qu'ils sont énoncés. C'est à une tentative d'exploration que je m'efforce dans cette étude, quête d'un *sensus plenior* et essai de totalisation.

---

5. Je ne traiterai pas du péché originel qui, comme le souligne Pascal avec raison (*Pensées*, Br. 446), n'était pas absent de la tradition juive (voir Apocalypse de Moïse, 32 ; Apocalypse syriaque de Baruch, 48:42 ; IV Esdras 7:113-124).

On peut ramener à trois principales les interprétations de la consommation du fruit de l'arbre de la connaissance du bien et du mal : sexuelle, morale et rationnelle.

La première[6] s'appuie prioritairement sur deux éléments (outre évidemment les préjugés des auteurs défavorables à la sexualité)[7]. Un premier appui vient du polysémantisme du verbe *yâda'* (connaître) qui qualifie et l'arbre interdit et l'acte sexuel, notamment dans le contexte proche de 4:1, 17, 25. L'Arbre de la connaissance est assimilé au *lingam* par Gotthilf Heinrich Schubert[8]. Il a semblé que le péché avait consisté dans la découverte de la sexualité, soit dans le geste de concupiscence comme tel, soit en vue d'obtenir l'immortalité par génération[9]. Deuxième argument en faveur de cette interprétation : l'éveil des hommes à la pudeur (Genèse 3:7) à quoi Yahvé reconnaît qu'ils ont commis la faute (Genèse 3:11). À cette interprétation, doit pouvoir s'accrocher la thèse — émise par Stendebach qui voit dans le serpent le signe du culte cananéen de la fécondité —, d'une apostasie cultuelle vis-à-vis de Yahvé[10]. Ce que Kazantzaki a finement perçu qui a mis en équivalence la consommation excessive des

---

6. Par exemple, chez Clément d'Alexandrie (*Protreptique*, XI, 111) qui fait du serpent le symbole de la volupté, et pour qui l'homme « se laissa séduire par ses désirs ».

7. Pour saint Jean Chrysostome, la formule « Croissez et multipliez-vous » et l'institution du mariage suivent le premier péché (*La Virginité*, XIV-XV ; *Expositions sur les psaumes,* XIII, 5).

8. *La Symbolique du rêve,* Paris, Albin Michel, 1982, p. 108.

9. Sur cette dernière hypothèse, cf. Robert Gordis, « *The Significance* of the Paradise myth », in *American Journal of semitic languages and literatures*, LII, 1936, p. 86-94.

10. *Der Mensch wie ihn Israel vor 3000 Jahren sah,* Stuttgart, 1972, p. 79-80.

fruits de l'arbre de la connaissance, la luxure (comportant le bestialisme) et l'athéisme[11]. Ne passons pas sous silence l'hypothèse, évoquée par Sand, qu'Ève fut elle-même le fruit défendu ![12]

Les difficultés que doit vaincre cette lecture, quand elle prétend exclure les autres, sont déconcertantes. Une réfutation est venue de Nahmanide : Yahvé possède lui-même la connaissance du bien et du mal (Genèse 3:22) ; or qui songe à lui attribuer la sexualité ?[13] On a pensé pouvoir résorber l'objection en soutenant la thèse de l'ironie divine dans ce verset : Ah ! voilà que ce morveux d'adamite, ajoutant foi à l'imposteur serpent[14], croit être

---

11. *Lettre au Greco*, tr. M. Saunier, Paris, Plon, 1961, p. 239.

12. Sand, *Les Amours de l'Âge d'or,* Paris, Michel Lévy Frères, 1866, p. 32.

13. Entendre : dans la tradition orthodoxe. Il en va autrement pour la Kabbale ou même pour l'exégèse des passages bibliques relatifs à Ashera, parèdre de Yahweh.

14. Kant fait remarquer que le premier crime par lequel le mal est entré dans le monde, selon la Bible, est le mensonge et non le fratricide (*Doctrine de la vertu*, § 9). Comment le mensonge, ce « poison moral » (Conrad, *Le Planteur de Malata*, in *Œuvres*, IV, Paris, Gallimard, 1989, p. 755), est homicide (cf. Jn 8 :44), on le découvre dans le roman de Conrad *Victoire*. *Spiridion* de Sand consacre des pages décisives à l'imposture. Un de ses personnages est accusé d'être devenu mensonge « de la tête aux pieds » (*Le Dernier Amour*, Paris, Des femmes, 1991, p. 195). Mais pour pouvoir s'exercer efficacement, le mensonge doit s'envelopper de vérité, ce que souligne Sand : Anzoleto « possédait l'art d'exprimer le mensonge avec un air de vérité diabolique » (*Consuelo*, ch. XVI). « Le marchand forain marchois a le talent incroyable de tromper toujours et de ne jamais perdre son crédit » (*Simon*, ch. III). Sur la place de la langue d'aspic, comme figure satanique, dans le système du mal, cf. J. Hatem, *Marx, philosophe du mal*, Paris, L'Harmattan, 2006, p. 161-162 ; *Un paradis à l'ombre des épées. Nietzsche et*

devenu divin. Cette thèse doit être repoussée sur base de la réaction de Yahvé qui expulse Adam et Ève du Paradis afin d'interrompre le processus de divinisation de l'homme (Genèse 3:2). Gordis, champion de l'interprétation sexuelle n'a pas froid aux yeux ; il renchérit en sexualisant les Élohim, et décèle dans l'allusion la trace d'une religion archaïque[15]. La thèse sexuelle est généralement exclue par l'exégèse moderne. Je montrerai en quel sens elle doit être récupérée.

Selon la deuxième interprétation, la consommation de la « pomme symbolique » procure le discernement moral. Cette thèse a pour elle le sens littéral immédiat : c'est par le fruit que la nature du bien et du mal, et par là leur distinction, sont révélées – mais contre elle le bon sens : on ne peut commettre de faute morale sans une connaissance préalable du bien et du mal. (Je tiens cette proposition pour établie par soi et non seulement selon l'interprétation, d'ailleurs prégnante, de saint Paul en Rom 7:7). Car si nul n'est censé ignorer la loi, encore faut-il qu'elle ait été promulguée. À moins que la totalité de la Loi ait seulement consisté dans l'interdiction, auquel cas se dessine une contradiction : la transgression maléfique a précédé la connaissance du bien et du mal. Je la reformule : l'interdiction divine devait avoir élevé l'homme à l'âge de discrétion (si elle ne le présuppose), et pourtant, il ne connaît pas encore le bien et le mal. Or si le bien réside dans l'obéissance à Dieu, ou encore, dans la crainte de Dieu, comment pouvait-on l'accomplir ?

Bartol, Paris, L'Harmattan, 2010, ch. II. Sur le rapport entre le mensonge et le serpent (pris ici comme métaphore), voir Schelling, *Traité sur la liberté de l'homme* (SW VII, p. 390).

15. *Id.*, « The Knowledge of good and evil in the Old Testament and the Qumran scrolls », in *Journal of Biblical literature*, LXXVI, 1957/2, p. 134.

Si l'on s'en tient à la contradiction, il devient malaisé de justifier le châtiment encouru par des ignorants immergés dans l'immédiateté – et encore plus, la raison pour laquelle Yahvé voulait préserver l'homme du discernement qui semblerait nécessaire ou légitime – car après tout, l'homme n'était-il pas appelé à développer la discrimination morale ? Devait-il rester à l'état d'enfance qui, selon Deutéronome 1:39, est précisément caractérisée par l'ignorance du légitime et de l'illégitime, ou, sans avoir eu à s'accroître, être comme le vieux Barzillaï qui se demande s'il peut distinguer le bien du mal (II Samuel 19:36) ? Selon Clément d'Alexandrie[16], Adam, « petit enfant de Dieu » est devenu un « homme dans sa désobéissance ». Pour Théophile d'Antioche[17], c'est parce qu'Adam, doté d'un principe de progrès, était encore petit qu'il n'était pas appelé à recevoir la science à ce moment. Idée voisine chez saint Irénée[18]. On rate ici l'essentiel, que c'est précisément l'accès transgressif à la science qui affranchit l'individu de l'innocence de la non-pensée. Il y faut une décision, un glaive qui tranche et de façon irréversible. La polarisation est le fardeau que doit porter celui qui s'engage dans la voie de devenir ce qu'il doit. La décision est en elle-même acte et débouche normalement sur un acte. Or tout acte est partial et ne saisit qu'un aspect de l'être dans le rejet de l'autre, se condamnant par là à la faute.

Saint Ambroise avait déjà rejeté l'hypothèse de l'état d'enfance[19]. Prêtons-lui pourtant un peu d'attention

---

16. *Protreptique*, XI, 111.
17. *Ad Autolycum*, L, II, 25.
18. *Démonstration de la prédication apostolique*, 12.
19. *De Paradiso*, VI.

moyennant la consultation de *Champ de tir* de Siegfried Lenz[20]. Il est raconté comment l'adolescent simplet Bruno, sauvé de la noyade par Zeller, se met à son service dans la plus grande harmonie qui dure trente ans. Mais voici que le Patron, c'est le titre que lui confère Bruno tout au long du récit rapporté à la première personne, a décidé de léguer à son fidèle compagnon le tiers de sa fortune, ce qui n'agrée pas évidemment à sa famille qui exerce des pressions pour que l'un ou l'autre invalide le don. Le Patron demande à son protégé de ne rien signer, car il compte bien gagner la partie en dépit de son âge. Mais Bruno n'a que faire du pactole. *Le diable ne s'est pas embusqué là*, dirait Sand, dans « l'amour du gain qui pousse les ambitieux jusque dans des précipices où la terre manque sous leurs pieds »[21]. Son unique désir est de demeurer sur la terre ferme de l'amitié, auprès de l'homme qui s'est déclaré son ami : « Pourvu que le Patron me garde auprès de lui, je ne manquerai de rien » (p. 118). « Rester, c'est tout ce que je voudrais. Je ne voudrais rien d'autre, pourvu que nous restions réunis, le Patron et nous tous » (p. 218). Le problème est dans le « nous tous ». Prenant la mesure de la fissure provoquée dans l'édifice familial, Bruno se sacrifie en sortant volontairement et sans crier gare du paradis. Le lecteur sait qu'il a lu, au catéchisme, le chapitre quatorze de Luc (p. 121). Or la séquence comporte la recommandation de ne pas prendre la première place et de renoncer à ce que l'on a de plus cher. Renoncer à l'aimé par amour de l'aimé. Rien là, selon Conrad, qui ne soit typique du roman : « Toutes les aventures, toutes les amours, tous les succès sont résumés dans l'énergie suprême d'un acte de renonciation »[22].

---

20. Tr. Cl. Chenou, Paris, Éd. de Fallois / L'Âge d'Homme, 1989.
21. *La Ville noire*, ch. XIII.
22. *Propos sur les lettres,* tr. M. Desforges, Le Méjan, Actes Sud, 1989,

Je n'ai pas parlé de paradis comme d'une simple figure de style. La présence auprès de l'homme qui l'a sauvé, qui parle pour lui, voici ce qui fait le pur bonheur de Bruno qui, par ailleurs, n'a pas le sens du péché (p. 121). Pour peu qu'on y regarde de près, on observe un isomorphisme avec la situation paradisiaque de Genèse 2, celle d'avant la transgression. Bruno obéit toujours au Patron (p. 200-201), sans que cela jamais lui coûte. Mieux que le fils aîné de la parabole lucanienne, il n'a pas besoin qu'on lui apprenne que ce qui est au Père est à lui, car il n'a cure des possessions. Il n'est pas étonnant que, dans ces conditions, la figure généreuse du Patron grandisse jusqu'à emprunter à Dieu ; il est doté d'omniscience : on ne peut rien lui cacher (p. 287). Il sait tout (p. 293). Il voit aussi avec la peau (p. 332). Rien ne lui échappe (p. 301), y compris ce qui se passe derrière son dos (p. 203)[23], même les pensées (p. 340). Il est, en dépit de sa proximité, insondable : ce qu'il veut taire, il le tait (p. 249). L'esprit d'enfance est cette forme d'amour toute de confiance et d'abandon. C'est en tenant irrésistiblement à l'esprit de possession que l'on s'expulse du jardin d'Éden.

Si Adam et Ève sont plongés dans l'immaturité, comme le soutiennent par exemple Paul Humbert[24] et Umberto Cassuto[25], il faudrait donner raison à Kierkegaard pour qui ils ne pouvaient même pas comprendre le sens de l'interdit et de la sanction (la mort)[26], de sorte que seule

---

23. « Dieu voit même à travers un store occultant » (*Le Transfuge*, p. 296).
24. *Études sur le récit du Paradis et de la chute dans la Genèse*, Neuchâtel, 1940, p. 103, 106.
25. *Commentary on the Book of Genesis*, Jérusalem, 1961, I, p. 112-113.
26. *Le Concept d'angoisse, Œuvres complètes* VII, Orante, Paris, 1973, p. 147.

l'angoisse de l'indéterminé permettrait de comprendre le phénomène du premier péché comme usurpation du pouvoir divin.

Selon Josèphe, l'arbre confère « la pénétration de l'intelligence et la réflexion »[27]. À mon sens, la troisième interprétation, offre, dans sa forme stricte, la moins satisfaisante des solutions. Ne trouve-t-elle pas immédiatement son démenti dans le document yahviste lui-même, par le pouvoir concédé par le Créateur à l'homme de nommer les animaux (Genèse 2:19-20) ce qui, de soi, suppose la discrimination, et de plus, ne va pas, dans la mentalité primitive, sans une pénétration de l'essence de l'objet ? En Genèse 3:6 le fruit est « désirable pour acquérir l'intelligence ». S'agit-il là d'une nouvelle aptitude humaine ou d'un savoir totalisant ?

Pour nombre d'exégètes modernes la formule « bien et mal » ne désigne pas la discrimination entre deux valeurs morales, mais, d'un même mouvement, la conduite, l'expérience, le discernement en général, notamment en ce qui concerne le profitable et le nuisible, et donc l'universalité de la connaissance tant intellectuelle, que pratique et morale[28]. Fort de ce résultat, Humbert propose de traduire : « l'arbre du connaître bien et mal » ou mieux : l'arbre du Savoir[29]. Westermann, qui rapporte le propos à la maîtrise de l'existence, estime qu'on peut maintenir l'expression bien et mal (*Böse*) à condition d'attribuer à « mal » le sens général de « mauvais » (*Schlecht*) sous-entendu[30].

---

27. *Antiquités judaïques*, I, 4, 44.

28. P. Humbert, *op. cit.,* p. 83-92, entériné par Cassuto, p. 113.

29. *Ibid.*, p. 83, 92.

30. Claus Westermann, *Genesis I-XI*, Neukirchen-Vluyn, 1983, p. 331.

Remarquable conséquence : tant l'exégète[31] pour qui Adam et Ève sont biologiquement des enfants, que celui qui les tient pour tels dans leur psychologie ou leur rapport à Dieu, prêtent à celui-ci le refus de leur croissance et du savoir en tant que tel. La thèse de l'arbre du Savoir me paraît affaiblie par deux considérations : elle contredit le savoir déjà octroyé à Adam (et consommer les fruits des autres arbres n'est-ce pas *aussi* connaître ?). La thèse a beau recenser dans l'Écriture les formules où l'expression *tôb wâra'* signifierait « quoi que ce soit » ou « le nocif et le favorable »[32], elle se fourvoie en prenant le stéréotype pour l'expression originelle. Certes, on n'ignore pas d'autres expressions où le mal est nettement contredistingué du bien comme dans le célèbre verset d'Isaïe (7:15) sur Emmanuel qui saura en grandissant repousser le mal et arrêter son choix sur le bien. Dans la formule de I Rois 3:9 : « discerner entre le bien et le mal », *beyn* (entre) lève toute ambiguïté. C'est précisément en raison de l'emploi d'expressions discriminantes comme rejet (*mâ'ôm*), choix (*bâhôr*) et *beyn* que ces versets et leurs homologues semblent à ces exégètes marqués par une distinction qui fait défaut à *tôb wâra'*.

Que ces exemples ne suffisent pas à trancher le débat, ni par leur pertinence, ni par leur exclusivité, c'est ce que montre, relativement au deuxième point, l'usage de la même formule dans des contextes où les deux valeurs

---

31. Par exemple Edwin Albert, « Ein neuer Erklärungversuch von Gen. 2 und 3 », in *Zeitschrift für die altestamentliche Wissenschaft*, 1913, p. 176, 188.
32. Par exemple Charles Resplandis, *Le Fruit défendu de Genèse 2-3, étude exégétique*, le Centurion, Paris, 1977, p. 25. La Tob porte ici : « arbre de la connaissance du bonheur et du malheur ».

(*tôb* et *râ'*) ne sont pas placées au même niveau[33], – et, relativement au premier point, le caractère « advenu » du stéréotype.

Si dans l'épisode de la chute, il n'avait pas été question de l'arbre de la connaissance du *bien* et du *mal*, pris distinctement et compris dans la sphère morale, c'est une théologie différente qui eût dû découler de l'acte inaugurateur, autre que la haine du mal et l'amour du bien (cf. Amos 5:15) ou encore : pour étayer sa théologie l'auteur sacré n'eût pas recouru à un mythe de la simple acquisition des techniques.

Nous voilà reconduits à l'équation d'un bien impératif quoique ignoré, qui a conduit certains à affirmer que seul le bien était appelé à être connu à l'exclusion du mal. On aura beau faire, l'arbre du bien et du mal ne livrera guère par soi-même un secret qui est protégé par la part prise par Dieu à la connaissance qu'il prodigue. Mais puisque l'homme y a goûté, observons la cause qui l'y a amené et le résultat.

La cause ne fut pas la curiosité ou l'envie, mais simplement le désir d'être dieu comme le suggère à Ève le serpent fascinateur : « Élohim sait que le jour où vous mangerez, vos yeux s'ouvriront et vous serez comme Élohim connaissant le bien et le mal » (Genèse 3:5)[34].

---

33. Cf. Louis Ligier, *Péché d'Adam et péché du monde*, Aubier, Paris, I, p. 183-184 qui allègue Genèse 24:50 ; 31:25.

34. Élohim ou les élohim ? Le texte est ouvert. Le pluriel de majesté est plutôt confirmé qu'infirmé, comme le croient certains, par Genèse 3:22 où Yahvé dit : « l'homme est devenu comme l'un d'entre nous » car, ici, la première personne du pluriel ne saurait impliquer une assimilation des anges à Dieu ou la réciproque. Si Élohim avait désigné les anges Genèse 3:22 aurait dû porter : comme l'un d'entre

Ce verset peut être lu de la manière suivante : « Vous deviendrez, à l'instar d'Élohim, aptes à connaître le bien et le mal »[35] où l'accent est déporté de la divinisation à la connaissance qui rend semblable à Dieu. Le clivage du bien et du mal désignerait alors la polarisation des signes de la dichotomie comme telle nécessaire pour l'exercice de la conscience sans préjuger de la valeur morale des termes. En effet, la dichotomie a vertu dechtonique, elle arrache l'individu à la condition chtonienne du terrestre et du subterrestre.

Autre lecture : vous serez comme les élohim qui connaissent le bien et le mal[36]. Une troisième façon nuance : « Vous serez comme des dieux, connaissant le bien et le mal ». L'interprétation plausible est celle qui, prenant appui sur tout le contexte, fait prévaloir le désir d'assimilation qui enveloppe les prérogatives divines. La traduction la plus englobante est celle de Calvin (en son commentaire de la Genèse), reprise par Tresmontant : « comme dieux »[37].

Riche en inspiration, le serpent n'a pas entièrement menti puisque, après la faute, Yahvé Élohim juge que

vous. En tout état de cause la prétention à la divinisation n'est pas diminuée car les anges sont fils d'Élohim et faces d'Élohim. L'homme voulait être Dieu et ne sera qu'un dieu anti-Dieu. J'y reviendrai. C'est Cassuto (*op. cit.,* p. 172) qui, citant II Samuel 14:17, 20, affirme qu'il s'agit d'anges lesquels discernent le bien et le mal. Didyme l'aveugle pense que le serpent veut suggérer à Adam le polythéisme ou plutôt le polydémonisme (*In Genesim, ad.* 3:5).

35. Arnold B. Ehrlich, *Randglossen zur Hebraïschen Bible*, Leipzig, 1908-1914, I, p. 13 suivi par la Bible de Jérusalem.

36. Opinion de E. Kautsch, *Die heilige Schrift des Alten Testaments,* Tübingen, I, p. 11.

37. *Études de métaphysique biblique,* Paris, Gabalda, 1955, p. 260.

« l'homme est devenu comme l'un de nous connaissant le bien et le mal » (Genèse 3:22)[38]. L'homme est devenu un dieu et non Dieu (indécision qui pourrait justifier le sens vague — pluriel ou singulier – de la forme « Élohim »). Sans qu'on ait eu à lui mentir, il a été trompé (cf. Genèse 3:13) en sorte qu'il a manqué de confiance, et même de foi[39]. Nous voilà enfin au cœur du problème qu'il est vain de songer à résoudre sans tenir *à la fois* les deux séquences : *connaissance du bien et du mal* et *vous serez comme Élohim.*

La connaissance du bien et du mal ne signifie pas tant l'acquisition de normes préexistantes, que l'usurpation du pouvoir d'évaluation, de juger que ceci est bon et ceci mauvais[40], et par le fait même, elle confère à l'action sa

---

38. Les exégètes édulcorateurs ont, comme je l'ai dit, perçu ici une intention satirique. Pour saint Augustin, c'est moins l'ironie que l'avertissement qui doit être retenu (*De Genesi ad litteram* XI, 39). Mais cela revient au même.

39. En conformité avec sa théologie de la justification, Luther a retenu le motif de l'incrédulité pour caractériser le péché d'Adam (*Operationes in psalmos, Werke,* V, Weimar, 1892, p. 398).

40. C'est l'opinion, entre autres, de Calvin : « L'arbre de la science du bien et du mal a été défendu à l'homme non parce que Dieu voulut qu'il vaguât ça et là sans jugement ni discernement, à la façon des bêtes, mais afin qu'il ne désirât point plus qu'il n'était convenable et ne se constituât soi-même juge et arbitre du bien et du mal, en secouant le joug de Dieu et en se fiant à son propre sens. (…) La *science* est prise ici absolument en mauvaise part pour une expérience misérable que l'homme a commencé de s'acquérir en abandonnant la fontaine unique de la parfaite sagesse. C'est l'origine du franc arbitre, quand Adam a voulu être à soi et a osé essayer ce qu'il pouvait » (*Commentaire sur la Genèse, ad.* 2:9). Pour des motifs et dans une perspective opposés, Sade s'écrie dans une lettre à Mademoiselle de Rousset : « Ô homme, est-ce à toi qu'il appartient de prononcer sur ce qui est bien ou sur ce qui est mal ? »

pertinence morale en la dégageant de l'indétermination première. La consommation du fruit n'est pas encore la transvaluation qui fera du bien le mal de l'homme et du mal son bien ; elle lui fraie la voie en ceci que l'homme s'improvise comme législateur.

Or c'est Dieu en tant que Seigneur qui dresse les balances et, vis-à-vis de l'homme, distingue le licite de l'illicite suivant l'ordre hiérarchique qu'il lui plaît d'ériger. L'évaluation première n'a qu'un seul contenu : l'obéissance dont l'endroit est la reconnaissance. C'est après l'expulsion du Paradis qu'il faudra, avec Moïse, multiplier le précepte afin de réformer la nature corrompue.

L'interdit (qu'il serait vain de ramener à un tabou ou à un vil piège[41]) devait mettre un terme à la dispersion d'Adam en lui faisant prendre conscience de son statut de créature relative à Dieu. La différenciation d'avec la nature lui révèle son auto-détermination, d'avec les animaux sa raison. La distinction générique fonde sa socialité et, par la même occasion, sa personnalité dans la reconnaissance de l'autre *comme* soi-même (« c'est l'os de mes os »... Genèse 2:23). Or il est un *Autre*, le Créateur, qui ne peut et ne doit pas être reconnu par l'homme comme identique à lui. C'est toujours par un acte de séparation que surgit une création nouvelle, telle Ève (Genèse 2:21-22)[42], ou même d'expatriation puisque *bârâ* (créa) provient d'une racine (*br*) qui signifie l'extériorité, de sorte que le Créateur, pour faire prendre à l'homme conscience de sa différence d'avec Lui, doit poser la limite sous forme d'interdit

---

41. Ce dernier point est soutenu par Sade (*La Nouvelle Justine*, p. 480).
42. Cf. dans le document sacerdotal : Genèse 1:4, 7, 9, 14, 18, et la magistrale exégèse de Paul Beauchamp, *Création et séparation*, DDB, Bruges, 1969.

traduisible maintenant de la manière suivante : tu n'es pas Dieu et ne dois pas tenter de le devenir. En conclusion à l'ensemble du processus de la création, le Yahviste inséra, dans le deuxième chapitre, le motif de l'interdit (Genèse 2:16-17) afin de consacrer l'établissement de l'homme en Éden par la prise en compte de sa créaturalité. Si mon interprétation est correcte, l'insertion du texte du Yahviste après la cosmogonie du Code sacerdotal (Genèse1) se justifie par le nouvel acte séparateur.

Tel apparaît Yahvé : créateur et évaluateur, comme producteur et du monde et des valeurs, en regard de quoi l'homme surgit comme une créature qui tout à la fois doit se soumettre au *dictamen* divin et peut s'y opposer afin d'être soi-même et créateur et évaluateur, ce qu'il ne peut qu'en se posant, au préalable, comme créateur de valeurs, prémisse sans laquelle il ne peut revendiquer pour soi la puissance génésique ou magique parce que cette prétention exige d'être fondée sur l'affirmation de la valeur propre érigée en principe universel et réducteur. « Tout le monde fait le Dieu en jugeant : Cela est bon ou mauvais » dit Pascal commentant Genèse 3:5[43].

Avant l'interdiction, l'homme a voulu s'ingérer à croire qu'un tel pouvoir lui était dévolu ou même qu'il le détenait déjà de par sa faculté de dénommer tous les êtres et de jouir sans restriction de tous les biens. En ce sens, l'homme était coupable sans faute par présomption naturelle avant même de donner quelque sujet d'offense à son Créateur. Il a fallu donc mettre un terme à la confusion et à l'appropriation en marquant une verticalité là où l'homme ne percevait aucune solution de continuité.

---

43. *Le Mystère de Jésus*, in *Les Pensées*, Br. 553.

S'il était destiné, en raison de l'*imago Dei*, à réaliser une conformité au Créateur[44] que, par sa déviation ou sa précipitation, il mit en péril et différa, si même c'est parce qu'il était appelé à la déification qu'il s'égara dans le vœu de divinisation[45], c'est ce qui n'est pas dit dans le texte et ne peut, dans tous les cas, être inféré du seul document yahviste.

Par contre, ce que le Yahviste confirme, par exemple dans l'épisode de la tour de Babel, c'est l'orgueil de l'hybris, illustré chez Ezéchiel par le roi de Tyr qui prétend être un dieu (*el*), dont le cœur est pareil à celui d'Élohim (Ézéchiel 28:2-6), chez Isaïe (14:13-14), par le roi de Babel qui veut s'égaler au Très-Haut. Tous deux sont vertement corrigés et comme expulsés de leurs paradis respectifs. Le roi de Tyr était en « Éden, le jardin d'Élohim » recouvert de pierres précieuses (Ézéchiel, 28:13), celui de Babel est tombé du ciel (Isaïe 14:12) ; lui qui volontiers s'exhaussait au-dessus de la condition humaine le voici semblable aux ombres du Shéol (Is 14:20). Juste correction de l'orgueil. Le roi de Tyr redécouvrira le sens de la finitude humaine dans l'échec, car face à ses meurtriers, il ne saurait persévérer dans son fantasme (Isaïe 28:9). La leçon est ramassée dans la parole de Yahvé : « Tu es un homme, non pas un dieu » (38:2)[46]. Telle est, à mon sens, la connaissance immédiatement

---

44. Origène distingue (*Traité des principes* III, 6, 1) l'image de la ressemblance (en Genèse 2:26) pour réserver la dignité de la ressemblance à la consommation, citant I Jean 3:2.

45. Voir sur ce point saint Augustin, *De Trinitate* X, 5.7 et mon livre *De l'Absolu à Dieu*, Paris, Cariscript, 1987, ch. V.

46. Voir d'autres exemples dans mon ouvrage : *L'Écharde du mal dans la chair de Dieu,* Paris Cariscript, 1987, II, § 4 où je traite du projet humain d'être Dieu sous le concept de violence absolue.

acquise par l'homme après la dévoration du fruit — et cela autrement que par l'interdit.

« Alors leurs yeux s'ouvrirent[47] et ils connurent qu'ils étaient nus » (Genèse 3:7). La nudité désigne essentiellement la finitude, la misère de l'homme réduit à ses faibles ressources. Le serpent ayant promis que leurs yeux s'ouvriraient en sorte de devenir comme des dieux (Genèse 3:5), il y a également dans la nudité la conscience de la pleine liberté dès lors qu'on s'est dépouillé du vêtement divin. Dans l'acte de transvaluation sont impliquées l'inversion des valeurs et la reconnaissance de la falsification du bien en mal, c'est-à-dire de l'opposition à Dieu, et par là, nécessairement, la distinction d'avec Dieu non seulement dans la confirmation et la désobéissance, mais aussi dans le savoir qu'il est vain d'aspirer à la divinité parce que celle de l'homme, usurpée et perverse, ne sera jamais qu'empruntée, caricaturale et, en vérité, inefficiente[48]. Paradoxe : si dans la pudeur se révèle la finitude, alors le dessein du Créateur consistant à marquer sa distinction d'avec l'homme aura été atteint. Certes, car quel que pût être le choix, la distance devait être introduite soit dans l'amitié, soit dans la rupture. La question de savoir si l'autonomie ne fait pas plutôt acquérir le sens de l'autosuffisance et de l'autarcie que celui de la dépendance et de la finitude, suppose une longue pratique de l'athéisme et ne peut donc pas être posée dans ce contexte où tout tombe sous le regard

____

47. Le Targum du Pseudo-Jonathan risque : « s'illuminèrent ».
48. Perspicacité de Joseph Roth : « Quand un homme me dit qu'il ne croit pas en Dieu, je suis triste pour lui. Mais quand un homme me dit qu'il croit en Dieu et que l'injustice est la justice, celui-là, je le maudis » (*L'Antéchrist*, ch. X).

et la puissance de Dieu. Pour conclure, dans la faute se révèlent simultanément et croisées la finitude et l'autonomie dans la démesure. Ayant posé son autonomie dans la sédition, le transvaluateur s'apprête à retourner les valeurs divines sens dessus dessous, sans les faire disparaître de sa perspective puisqu'elles sont appelées à devenir les contre-valeurs de sa propre échelle, ce qui précisément ne doit pas être fait. On peut supputer que la Loi hideuse et magique, suivant les termes de Pierre d'Ailly, et qui sera instituée par la secte de l'Antéchrist[49], atteindra ce degré de transvaluation. À l'instar du libertin de Sade, elle pourra clamer : « Mes vertus sont vos vices, mes crimes vos bonnes actions »[50]. Le marquis illustre si bien l'idée qu'il a, sans s'en rendre compte, rejoint une profonde intuition du Talmud qui faisait Sodome interdire sous peine de mort tout mouvement de miséricorde[51]. Or

---

49. «… qui legem foedam et magicam constituet » (*Concordiantia*, Venise, 1490, D, 2m, ch. LXI).

50. *La Nouvelle Justine*, p. 494 (Je cite Sade dans les trois volumes de ses *Œuvres*, Gallimard, Bibl. de la Pléiade, 1990-1998, ici II). « L'homme parfaitement heureux pourrait bien être celui qui, renversant toutes vos idées sociales, se ferait des vertus de vos vices et des vices de toutes vos vertus » (*Aline et Valcour, Œuvres* I, p. 1068). L'antinomie touche à la perversion cynique lorsque le respect de la Loi coranique devient l'objet d'un sévère châtiment, comme il advint chez les Ismaéliens lors du cycle de la Résurrection (cf. Juwaynî, *Târîkh-i Jahangushay-i, History of the World-Conqueror*, tr. J. Boyle, Harvard University Press, 1958, p. 696).

51. *Sanhédrin*, 109ab. Occasion de noter la dénonciation, sur ce point précis, de la conception biblique par Sade. Le texte de la Genèse (18 :20) fait Yahvé descendre enquêter sur Sodome en réponse à un cri qui lui est lancé. Or le Midrash le place dans la bouche de la jeune fille charitable qui fut brûlée par les Sodomiens (*Genèse Rabba*, XXXXIX, 5). Si Dieu arrive en retard pour sauver la jeune fille, du moins mène-t-il une enquête et la venge-t-il. Or c'est à quoi s'attend

voici que le libertin condamne l'aumône comme un crime contre la nature[52]. L'horreur de la vertu se lève dans l'âme de ceux qui ont atteint ce que Sade appelle la perversité d'habitude qui les fait souffrir à la seule idée du bien[53]. L'inversion sexuelle des Sodomiens est l'emblème de leur immoralité, ce qu'a conçu le tigre-homme (ainsi que le qualifie Rétif de la Bretonne[54]) lorsque Justine fait la remarque que tous les libertins sont sodomites[55].

Pécheur, l'homme découvre sa finitude comme finitude coupable. La honte redouble la faiblesse. Saint Augustin a vu juste dans son analyse d'*eritis sicut dii* : « Ils auraient bien mieux été en restant attachés par obéissance au véritable et souverain principe, au lieu de se faire par orgueil leur propre principe »[56]. Milton s'en est souvenu pour caractériser la prétention de son Lucifer. Moins grave paraît la prétention, pour un homme, d'une connaissance panoptique des temps : « Vous remontez le cours des âges avec un orgueil impie ; vous aspirez à pénétrer les secrets de

---

en vain Justine qui est amenée à critiquer la Providence au nom des malheurs de la vertu.

52. *Les Cent Vingt Journées de Sodome, Œuvres* I, p. 204-205. Propos contre Jésus prêchant l'aumône dans *La Nouvelle Justine*, p. 1069. La pitié est un « vice réel » (*Histoire de Juliette*, p. 336 ; cf. p. 425). Pire, n'est-elle pas le commencement de l'amour ? (voir Sand, *Le Marquis de Villemer*, ch. XII).

53. *Aline et Valcour*, p. 497. Sur l'habitude, cf. p. 561.

54. *Monsieur Nicolas*, Appendices, VI.

55. *Justine,* p. 289. La pratique de la coprophagie fait partie du même dispositif inversif. Voir aussi la critique du mariage et l'éloge de l'adultère qui rétablit les droits de la nature (*Histoire de Juliette*, p. 244). Identiquement, la chasteté passe pour un crime (*Ibid.*, p. 255).

56. *Cité de Dieu* XIV, 13, 2. L'homme a voulu être son propre principe (*Ibid.*, XIV, 13, 2) ; son imitation de Dieu est perverse (*De Genesi ad litteram,* VIII, 14, 31).

la destiné ; vous croyez vous égaler à Dieu en embrassant d'un coup d'œil et le présent et le passé »[57].

On ne prendra pas ici l'autonomie dans un sens immédiatement kantien, comme autonomie de la raison (qui est au fond une sorte d'hétéronomie par rapport à l'homme empirique), mais comme la proclamation comme loi universelle du caprice personnel comme possible dérive à partir de l'auto-affirmation de la volonté. Voici pour l'auto-affirmation : « Ne pas régner sur la volonté d'une femme, c'est exercer un empire dérisoire. Je ne dépends que de moi sur la terre »[58]. Et voici pour la dérive : au lieu que le sujet mette en pratique la loi impersonnelle inscrite en lui, il s'en donne une de sa façon comme s'il était le Souverain du règne éthique, ou comme si son caprice devait devenir l'unique norme de son action. Épiphane de Salamis appelle barbarisme le comportement de la première des sectes, qui dura dix générations d'Adam à Noé, où le peuple n'avait ni chef ni loi commune, chacun promulguant une loi pour lui-même[59].

On demandera s'il n'était pas, dans ces conditions, devenu inutile d'expulser l'homme afin qu'il ne goûtât pas à l'arbre de vie. En réalité, comme la reconnaissance par l'homme de sa faiblesse est acquise dans la transgression, cette dernière demeure inscrite en lui car, dans la limite de son être, l'homme voudra éprouver son pouvoir d'évaluation et l'exercer aux dépens de la nature entière. La mort, la souffrance et le labeur devinrent son lot afin aussi que le pouvoir magique extorqué (dont je parlerai plus bas) ne réussît à adverser toute la créature à Dieu.

---

57. Sand, *Consuelo*, ch. XLIII.
58. Sand, *Indiana*, Paris, folio, 1984, p. 233.
59. *Panarion*, I, 1.

Sous le regard justicier de Dieu, l'homme éprouve la verticalité qui, dans l'inimitié, le surplombe et l'écrase (ce qu'elle n'aurait pas fait dans l'amitié où l'obéissance eût enlacé l'amour), tant et si bien qu'il se voit réduit à néant, ramené à la poussière (Genèse 3:19). Avec une délicieuse subtilité, le Targum du pseudo-Jonathan fait ici adresser par Adam une demande : « Je t'en prie, par l'amour de devant toi, Yahvé, que nous ne soyons pas considérés devant toi comme des bêtes à manger l'herbe de la surface des champs ! Levons-nous donc et travaillons du travail de nos mains et nous nous nourrirons de la nourriture de la terre. De la sorte, il y aura distinction devant toi entre les enfants des hommes et les bêtes »[60]. Adam réagit ainsi au verdict qui frappe le serpent condamné maintenant à ramper et à mordre la poussière sa vie durant (Genèse 3:14) et qui risquerait de l'envelopper puisque Yahvé lui réserve de manger les ronces et les herbes (Genèse 13:18). Devant la majesté divine déclarée, l'homme est près de rétrograder à la bestialité c'est-à-dire à perdre – pour n'avoir pas voulu se distinguer de Dieu – la distinction acquise d'avec l'animal ! C'est alors que Dieu, en réponse à sa prière, *l'autorise* (car il ne s'agit plus ici d'un simple jugement négatif) à travailler de sa main pour se nourrir (Targum de Genèse 3:19). Où est passé le pouvoir acquis d'Adam s'il a besoin de la grâce divine pour reprendre un statut d'homme ? Pour répondre à cette question dans le cadre du Targum (puisque c'est lui qui pose le problème), il importe de préciser qu'en fait, comme je l'ai suggéré, l'homme devait craindre d'être ravalé au rang du serpent[61] – en dépit ou à cause de l'inimitié que Yahvé institue entre

---

60. Targum de Genèse 3:18 (tr. R. Le Déaut, SC 245, Paris, Cerf, 1978).
61. Je développe ce thème dans l'Introduction à *Mal et transfiguration*.

eux (Genèse 3:5). L'homme troque le pouvoir magique de la mort qui sera l'apanage du reptile (Targum de Genèse 3:14) contre celui de transformer la nature par la culture qui déploie le nouvel espace de son autonomie. Travail comme stigmate de la dépendance, mais aussi comme fanal de la vigilance. De fait, « le pain ne pousse pas sur l'arbre du sommeil », dit joliment Benjamin Fondane au sujet de cette sorte de nouvel Adam qu'est Robinson[62]. Mais il garantit à tout le moins une position érectile (arboriforme) à l'homme qui lui permet de dominer la gent animale et de laisser son regard circuler de la terre sur laquelle il est tenu de se pencher, vers le ciel dont il reçoit sens et droiture. L'accord sera rompu par les projets nemrodiens infectés de superbe qui le conduisent à lutter armes en mains contre le Très-Haut (Targum de Genèse 11:4). La perte de la faculté théorique au profit de l'aptitude technicienne n'empêcha pas l'homme de reformuler ses prétentions à l'auto-divinisation.

Saint Augustin est également bien inspiré lorsqu'il fait de l'avarice la deuxième source du péché[63]. L'orgueil déplace Dieu pour que l'homme occupe le centre et l'avarice rapporte tout à ce nouveau centre puisque, comme à Dieu, tout doit être soumis à l'orgueilleux, et comme il n'occupe ce centre qu'à la suite de l'usurpation, la soumission ne sera que violente et tyrannique[64]. Saint Augustin oppose la charité à la philautie perverse : « De ces deux amours, l'un est saint, l'autre impur ; l'un tourné

---

62. *Le Mal des fantômes*, Paris-Toulouse, Paris-Méditerranée-L'Éther vague, 1996, p. 200.
63. *De Genesi ad litteram* XI, 15, 20.
64. Cf. J. Hatem, *L'Écharde du mal dans la chair de Dieu*, ch. I ; *Éthique chrétienne et révélation*, Paris, Cariscript, 1987, ch. IV-V.

vers les autres, l'autre centré sur soi, l'un est soucieux du bien de tous en vue de la société céleste, l'autre va jusqu'à subordonner le bien commun à son propre pouvoir en vue d'une domination arrogante ; l'un est soumis à Dieu, l'autre rival de Dieu (...), l'un veut pour autrui ce qu'il veut lui-même, l'autre veut se soumettre autrui »[65]. Théocentrement et anthropocentrement permettent de résoudre une aporie du texte biblique. Alors qu'en Genèse 2:9 il est dit de l'arbre de vie qu'il s'élève au milieu du jardin, en Genèse 3:3 Ève prétend que c'est l'arbre frappé d'interdit qui occupe cette place. L'incohérence a fait penser qu'ils étaient limitrophes ou que l'arbre de vie était caché ; à d'autres qu'ils étaient en fait identiques, ce qui n'est pas le cas même pour les gnostiques qui inversent leurs valeurs respectives[66]. À mon sens, c'est le regard de l'homme qui *a centré* l'arbre de la connaissance du bien et du mal devenu pour lui le moyen d'acquérir la science discriminante et le pouvoir divinisant. Suit de là l'équivalence Homme, Serpent, Arbre (quel que soit l'arbre), chacun devenant un lieu de transformation, chacun étant la vie de l'autre.

Il y a dans le fond de la révolte anti-divine (qui va jusqu'au désir forcené « de porter le poignard au sein même de Dieu »[67]) le rejet de la dette contractée à l'endroit du Créateur par la créature souffrant du désir irréalisable de se suffire absolument à soi-même. Ce que reconnaît

---

65. *De Genesi ad litteram* XI, 15, 20.

66. J'y reviendrai au chapitre suivant. On se rappelle l'aphorisme de Nietzsche : « La vraisemblance, mais nulle vérité ; une semblance de liberté, mais nulle liberté, tels sont les deux fruits à cause desquels l'arbre de la connaissance ne peut être confondu avec l'arbre de vie » (*Le Voyageur et son ombre*, § 1).

67. *Histoire de Juliette*, p. 964.

Lucifer, chez Milton[68], et que Sade traduit par le parricide :
« Mon père vit, il m'accable de biens et de caresses, il
m'adore ; j'ai déchargé vingt fois à l'idée de rompre de
tels nœuds ; je n'aime point la reconnaissance, son poids
pèse trop fortement sur mon cœur, je ne respire que pour
m'en dégager. On assure d'ailleurs que le parricide est un
bien grand crime, je brûle de m'en souiller… »[69]

Avant de scruter ce pouvoir divinisant comment
nous paraît maintenant l'interversion des valeurs ? Un
rabbi émit l'hypothèse que, bien loin de distinguer le bien
et le mal, le fruit de l'arbre les confondait[70], ramenant
ainsi l'homme au chaos. Pour judicieuse qu'elle soit,
cette interprétation laisse échapper l'essentiel, car si le
péché donne voix au tohu bohu dominé par Dieu et au
téhom immémorialement vaincu, et quand bien même
le redoutable serpent en serait une émanation au même
titre que Léviathan et Béhémoth, il ne saurait s'y réduire.

---

68. « Je m'affranchirais / de la dette immense d'une gratitude
éternelle / un tel fardeau ! toujours à payer et devant toujours »
(*Paradis perdu*, IV, 51-53).
69. *Histoire de Juliette*, p. 811.
70. Cité par J. Eisenberg et A. Abécassis, *À Bible ouverte*, II, *Et
Dieu créa Ève*, Albin Michel, Paris, 1979. La thèse est reprise par V.
Jankélévitch dans *Le Pur et l'impur*, Paris Flammarion, 1978, p. 169 :
l'enjeu du péché d'Adam est métaphysique et produit cette « caricature
d'innocence » qu'est « l'indifférence du bien et du mal ». Indifférence
ou tiédeur. Rien de plus inquiétant, suivant Sand : « On n'a jamais
rien à espérer et l'on a tout à craindre d'un homme qui n'est ni bon ni
méchant » (*Pauline*, ch. V). Explication : *l'absence de la notion de mal
a pour conséquence l'absence de la notion du bien* (Sand, *Tamaris*,
p. 133). Conséquence : « Il est du caractère de la vertu de ne jamais
soupçonner le mal » (Sade, *Laurence et Antonio,* in *Les Crimes de
l'amour,* p. 170), ce qui doit souvent conduire à sa défaite.

Le chaos, c'est plutôt ce dont Dieu menace l'homme quand, avec le déluge, il déverse sur la terre les eaux supérieures qu'il avait séparées des inférieures (Genèse 1:6-7 à quoi correspond Genèse 7:11)[71]. Le châtiment est de nature ontologique et consiste dans une reconduction à l'état préparadisiaque. Le mal ne coïncide pas ici avec le méphistophélisme qui est résolu à tout anéantir (comme le voudrait le serpent anticosmique Apophis), ni même au désordre sinon pour en dégager un ordre contrefait. Je m'en tiendrai donc à la définition on ne peut plus précise proposée par la Bible : « Malheur à ceux qui appellent le mal bien et le bien mal, qui font des ténèbres la lumière et de la lumière les ténèbres » (Isaïe 5:20). Plutôt qu'à la dissipation des valeurs, la transvaluation aboutit à la permutation de leurs signes, le positif étant affecté du signe négatif et vice-versa.

Le sens de la faute d'Adam dépend de la signification de l'arbre de la connaissance du bien et du mal dont il serait déplacé de réduire le mythème prégnant à une abstraction formelle en le proposant comme la simple allégorie d'un péché qui a été voilé par l'image. Certes l'arbre est un symbole ; mais c'est précisément à ce titre qu'on ne peut négliger le signifiant dans l'interprétation du signifié. Il est fait mention d'arbre et de la consommation d'un fruit, et non, par exemple, d'un oiseau à ne pas tuer ou d'une cité interdite.

Si l'arbre de vie se retrouve dans d'autres traditions et écritures, l'arbre de la connaissance du bien et du

---

71. Cf. G. von Rad, *Théologie de l'Ancien Testament*, I, Genève, Labor et Fides, 1963, p. 140.

mal n'a guère été répertorié ailleurs[72]. Cette création du yahviste est une belle trouvaille.

La symbolique de l'arbre connote la régénération (impliquant la mort), la force génésique d'auto-reproduction comme s'il était à la fois mâle et femelle, la dualité de l'enracinement et de la ramification[73]. Tous ces éléments peuvent jouer et certains se combiner à d'autres selon les contextes. L'arbre de vie représente l'axe du monde : il est assure au cosmos son organisation pérenne et renouvelée. L'arbre de la connaissance du bien et du mal se distingue *formellement* par la dualité comme Philon l'avait marqué : « Adam, cette masse de boue, lorsqu'il a touché à l'arbre à deux branches, trouve la mort, ayant attribué à la dyade plus d'honneur qu'à la monade et ayant admiré la créature plus que le Créateur »[74].

L'arbre fourchu ou franchement dédoublé désigne la croissance de l'un à partir de la conjonction du deux[75] ou l'opposition du deux à partir de l'unité primitive. La deuxième direction prime dans le récit de la Genèse non sans que la première n'ait pu avoir été envisagée par le Yahviste dans le thème de la réconciliation mosaïque, ou

---

72. Dans l'Amérique précolombienne, il existe un arbre qui est cause de la chute originelle, mais il ne porte pas le nom que lui donne la Bible. La dimension sexuelle y domine. Voir Michel Graulich, « L'arbre interdit du paradis aztèque », in *Revue de l'histoire des religions*, 1990, p. 33, 36. On peut toutefois détecter un arbre de la science qui inspire les chants (voir J. Hatem, *Trois poètes : Mutanabbî, Quauhtencoztli, Hopkins,* Beyrouth, Saer al Machrek, 2021, ch. II).

73. Pour la symbolique de l'arbre en tant que telle je renvoie à mon livre *La Quête poétique de Nadia Tuéni*, An-Nahar, Beyrouth, 1987, ch. III·

74. *De Somniis* II, § 70.

75. Cf. Jung, *Les Racines de la conscience*, Paris, Buchet/Chastel, 1971, p. 333.

avec le Targum : messianique. Le Targum ajoute en 3:15 que tant que les hommes observeront la Loi, ils vaincront le serpent et, qu'à la différence de ce dernier, ils sont promis à « la paix, à la fin, aux jours du Roi Messie »[76].

Revenons à la première direction dans sa version philonienne. La préférence de la créature s'explique sans difficulté dans le cadre de l'inversion. Demeure énigmatique le rejet de la dyade en tant que telle et qui semblerait n'avoir d'origine que philosophique, pythagoricienne en particulier. Philon désigne par monade Dieu en son unicité, affirmée contre les polythéistes[77]. Sa lecture s'articule donc sur la Bible. Monade aussi est le premier jour de la création puisqu'il ne manifeste que le monde intelligible prétemporel[78] qui est l'image de Dieu, son Logos[79]. Le monde sensible n'est véritablement créé que le deuxième jour[80]. Alors que le nombre *un* est l'image de la cause première, le *deux* est celle de la matière passive et divisible, ajoute Philon en faisant suivre d'une sentence dont j'ai déjà cité l'analogue : « Ainsi celui qui place le deux avant le un et qui l'étreint de sa poigne, ne doit pas ignorer qu'il fait plus de cas de la matière que de Dieu »[81].

Le binaire serait source d'erreur[82]. Dans son explication de la signification de l'arbre de la connaissance du bien et du mal, Philon souligne l'indigence de la

---

76. Ce qui revient à dire, dans le cadre de la psychologie de l'individuation, que l'homme réunira les deux contraires ou qu'il dépassera leur dualité.

77. *De opificio mundi*, § 171.

78. *Ibid.*, § 26.

79. *Ibid.*, § 24-25.

80. *Ibid.*, § 36.

81. *De Specialibus Legibus* III, § 180. Cf. *Legum allegoriæ* I, § 3.

82. Cf. *De Gigantibus*, § 52.

sagesse humaine qui mêle les contraires, prend une chose pour une autre et se trouve bien en peine de connaître véritablement[83]. Le serpent a reçu en partage d'imaginer le non-être et donc de multiplier l'idée de divinité dans « vous serez comme des dieux » [84].

La *dualitude* conduit au choix et, par là, à la séparation *ontologique*, à la *séparabilité* humaine d'avec Dieu. Dans le premier cas, Dieu cesse d'être le seul à exister.

La tradition juive a nourri l'ambition d'expliquer l'absence de satisfecit après le deuxième jour. La kabbale enseigna que ce fut à cette occasion que fit son apparition le principe de rupture et de contradiction[85]. Fort de cette exégèse, le *Zohar* y insère la formation de l'enfer[86]. Cela semble revenir au même : au mal sous ses deux aspects de cause et d'effet est dévolu un moment dramatique qui précède l'apparition de l'homme. On ne reprochera pas à ce jour d'avoir séparé les eaux d'avec les eaux, car l'acte, nous le savons, qualifie tout aussi bien les cinq autres. À supposer que la confusion des eaux (symbole du mal cosmique dans les mythologies) ait été un mal et que leur dissociation ait constitué une victoire ayant libéré les espaces et ordonné les éléments, l'arrachement de la lumière aux ténèbres, à l'aurore des mondes, ne dut pas moins offrir le sentiment que l'essentiel de l'acte libérateur accompagné de savoir était accompli. Tout ce qui s'appelle *entendement* y devait trouver sa base. Mais l'entendement n'est pas la conscience, laquelle exige pour

---

83. *Quæstiones in Genesim*, I, § 11.
84. *Ibid.*, I, § 36.
85. *Zohar,* I, 17a-18a.
86. *Zohar,* I, 33a.

sa part la commune présence de la dualité. Là où jaillit la lumière, les ténèbres s'effacent alors que l'insertion du firmament entre les eaux supérieures et celles du bas les maintiennent dans la simultanéité de la tension. Certes, le nombre *deux* marque l'antagonisme dans la rigidité d'une opposition ontologique, mais qui acquiert toute fluidité comme différence dans le mouvement de la prise en compte du réel et de soi moyennant la scission du sujet et de l'objet. À la rupture du vrai et du faux se superpose celle du bien et du mal. La contradiction agissant dans la connaissance est la source du mal, dit Hegel[87]. D'ailleurs, peut-il y avoir exploration de ce dont on capable sans parvenir au mal ? « On est quelquefois bien aise de tâter jusqu'où peut aller son âme », déclare un personnage de Sade[88].

Dans le deuxième cas, la dualitude est inscrite dans la nature humaine. Reb Nahman bar Hisda s'est demandé pourquoi le verbe *former* de 2:7 : « Yahvé Élohim forma l'homme » contient dans le texte reçu deux yod (*yyétser*) — alors que, comme le faisait remarquer Reb Nahman bar Isaac le même verbe appliqué plus bas (v. 19) aux animaux n'exigea qu'un seul yod (*yétser*) — et a répondu : « Le Saint-béni-soit-Il a créé deux penchants (*yétser*), le bon et le mauvais »[89]. Le Targum retiendra la suggestion

---

87. *Leçons sur la philosophie de la religion,* 3e partie : *la religion accomplie,* tr. P. Garniron, Paris, PUF, 2004, p. 219.
88. *Aline et Valcour,* p. 1038.
89. *Talmud, Berakhot* 61a. Les deux penchants en l'homme correspondent selon Buber, à « deux virtualités, deux espèces d'argile maniables, deux choses qui peuvent être le substrat d'une forme, matière plastique et énergique, à la fois l'énergie du bien et l'énergie du mal, ce par quoi l'homme fait le mal s'il se laisse aller (...). Sans passion, l'homme ne peut rien faire. La passion par elle-même produit le tourbillon d'où naît

puisqu'il traduit 2:7 de la manière suivante : « Yahvé Élohim forma Adam avec deux penchants ».

On ne peut plus être surpris de voir Philon, pour étayer cette dualitude humaine, emprunter à l'arbre sa symbolique : « Avec le temps, quand nous sortons de l'enfance pour nous approcher de l'adolescence, d'une seule racine s'élance un double rameau, celui de la vertu, celui du vice ; Nous réussissons alors à saisir ces deux réalités, mais choisissons de toute façon l'une ou l'autre : les êtres bien doués choisissent la vertu, les autres le vice »[90]. Ce double rameau évoque nécessairement l'arbre de la connaissance d'autant plus que, dans le contexte, on parle de l'éveil de la raison qui, auparavant, ne pouvait distinguer le bien et le mal[91].

L'arbre a deux branches. L'homme a deux penchants. L'arbre se déploie en l'homme. Ou encore, selon la parole de John Donne : « En toi j'ai planté l'arbre de science et de vie »[92]. Bref, l'arbre, c'est l'homme. La symbolique confirme l'isomorphisme de l'arbre et de l'homme (notamment dans la Bible : cf. Psaumes 52:10 ; Ézéchiel 17:24) — et Reb Zéïra qui disait : « "Du fruit de l'arbre", non de ce véritable arbre mais de l'homme qui est semblable à cet arbre »[93].

---

le mal que fait l'homme » (« Le mal est-il une force indépendante ? », in *Archives de philosophie*, LI, 1988, p. 542). Le Talmud (*Kiddouchin*, 30b) fait admettre par Dieu qu'Il a créé le penchant mauvais contre lequel Il offre l'antidote de l'étude de la Loi. Le remarquable est qu'il faut aimer Dieu avec ses deux penchants (Targum du Deutéronome 6:5).

90. *De Congressu eruditionis gratia*, § 82 (tr. M. Alexandre).

91. *Ibid.*, § 81. Même idée en *De præmiis* § 62. Au § 63, Philon précise qu'à sa naissance l'âme est grosse de deux jumeaux : le bien et le mal.

92. *Elégies*, VII, v. 26.

93. *Pirqé de Rabbi Éliézer*, ch. XXI.

J'ai signalé la double valence de l'arbre comme ce qui tout à la fois se ramifie dans le ciel et s'enracine dans la profondeur tellurique, joignant deux directions opposées qu'il suffirait d'homologuer au bien et au mal pour faire ressortir l'aptitude duelle de l'homme. En déportant l'interrogation sur l'arbre de vie, l'analyse ferait apparaître aussi la dualité. De fait, puisqu'il est l'arbre de vie et de mort, à quoi correspondraient les deux directions ? La tradition qui fait de l'arbre de la connaissance également celui de la mort doit être écartée ici parce qu'elle confond les causes éthique et biologique. La manducation du fruit n'administre pas d'elle-même la mort. Elle empêche de manger de l'autre arbre qui détient le privilège de tuer en se refusant[94].

L'arbre est aussi croissance, c'est-à-dire temporalité. Il serpente. Par lui, en lui, s'étend le champ du possible. Celui-ci ne peut aménager son nid dans l'immuable et le nécessaire, dans ce qui ne peut avancer ou régresser. Il appelle la liberté comme ce qui, tout en la fondant, se nourrit de lui. Dans le possible sont inscrites l'inversion de signe, la régression ou une progression déviée.

Le changement de direction de l'homme-arbre peut être détecté dans le symbole de l'arbre inversé qui étend ses racines dans le ciel et se ramifie par le bas. Pris en bonne part, cet arbre désigne la procession du monde à partir du principe, la sensualité de la vie, si l'on veut ; et, en mauvaise part, la roue des existences douloureuses[95]

---

94. Qui veut soutenir, en se libérant de la lettre, que c'est par son éloignement de Dieu que l'homme provoque sa mort, doit savoir qu'il identifie les deux arbres comme un Janus.
95. Dans *La Quête poétique de Nadia Tuéni* (ch. III, § 7-8), je montre que la voie descendante de l'arbre inversé exprime la sensualité et

qu'on peut ici mettre en rapport avec le règne du mal comme opposition au principe, et, avec Philon, comme choix unilatéral du sensible.

Que justifie l'évocation de cet arbre manifestement absent du récit de la Genèse ? En premier lieu, son appartenance à la dynamique de l'arborescence et de la dualité. En deuxième lieu, une allusion au destin qui attend Adam après le jugement de Dieu : se nourrir de la terre et y retourner (3:17-19). L'arbre inversé est décidément tourné vers le monde et ne plante ses racines dans le ciel que pour tirer une subsistance de la divinité et en faire usage mondain. La surnature est utilisée pour la domination égoïste de la nature. C'est ce que, à sa manière, dit le poète. « Oh ! le cours de la vie / entêté vers en bas ! »[96]. C'est l'endroit de la chute, selon un autre : « C'en est fait, il succombe, il prend racine dans l'air »[97]. Pour un troisième, « le volcan est un arbre renversé » dont la ramure rejoint « l'épée du châtiment » de nature évidemment ignée[98].

Si le péché, compris comme revendication impie de l'autonomie, celle que Baader qualifie d'illégale[99], est assimilé au désir d'acquérir la divinité, la flèche de l'orgueilleuse prétention doit épouser le mouvement ascensionnel qui, à l'homme, fait trouver la mesure juste qui le rend égal à son désir. On pourrait ajouter que c'est

---

l'affirmation du moi dans l'existence.

96. Philippe Jaccottet, *Poésie*, Gallimard, Paris, 1971, p. 42.

97. Edouard Glissant, *Le Sel noir*, Gallimard, Paris, 1983, p. 135.

98. Pablo Neruda, *L'Épée de flammes*, tr. C. Couffon, Gallimard, Paris 1971, p. 109.

99. *Ueber Divinations- und Glaubenskraft* (Baader, *Philosophische Schriften und Aufsätze*, II, Münster, 1832, p. 63).

seulement après sa faute qu'Adam est, pour sa punition, reconverti à la terre.

Il convient de distinguer deux démarches : celle de qui veut supplanter Dieu et celle de qui veut se faire *comme* Dieu (ou *comme* des dieux). La conquête du ciel, bien qu'elle puisse être rapportée à l'entreprise babélique, constitue le péché de l'ange. L'homme quant à lui, de par sa nature sensible, cherche tout d'abord à exercer un pouvoir discrétionnaire sur la nature et sur les animaux puis sur la femme que le Yahviste ne commence guère par lui soumettre, comme le fait l'Élohiste en 2:26, 28, mais suscite à son intention comme une *aide* (Genèse 2:18).

La revendication de l'autonomie ne veut pas proprement faire de l'homme Dieu à la place de Dieu, mais le doter de la prérogative divine de *l'évaluation*. Cet acte ne fait pas que réorganiser l'intelligence du monde, il se donne pour une prise et donc un bouleversement qui certes perturbe Dieu, notamment dans Sa relation à la nature, maudite à cause de l'homme (Genèse 3:17), sans toutefois faire vaciller Sa puissance. Le *comme* en 3:5 et 22, signale l'analogation et exclut l'identification. Le choix propre de l'homme n'évacue pas la possibilité d'imiter le péché de l'ange et d'agresser directement Dieu. Quand bien même on nierait que l'homme ait pouvoir de commencer pour le bien (si Dieu est l'origine de tout bien), il aurait celui de commencer pour le mal, comme l'affirme Mauriac qui ajoute : « Pour le mal, nous sommes en quelque sorte des dieux »[100]. La méthode régressive bute contre sa limite dans la mesure où elle ne saurait faire dériver le mal du bien. Il faut donc, dit saint

---

100. *Blaise Pascal et sa sœur Jacqueline*, ch. IV.

Augustin, que la volonté mauvaise ait surgi librement au titre d'une cause déficiente et non efficiente[101].

Comment pouvait apparaître Dieu à Adam ? Avant tout comme créateur et en particulier plasmateur, comme puissance souveraine. S'il est vrai qu'*élohim* signifierait originellement quelque chose comme *les pouvoirs*[102], l'homme voulait s'approprier l'une de ces puissances. Le sagace serpent fait miroiter sous ses yeux la perspective d'être créateur comme Dieu auquel cas celui-ci lui aurait interdit l'accès à l'arbre de la connaissance par pure jalousie comme le soutiennent le Targum de 3:4 : tout artisan déteste son concurrent et le Midrash qui fait dire au même personnage que Dieu a mangé de l'arbre pour empêcher Adam et Ève d'en faire autant en sorte de pouvoir créer d'autres mondes « car tout artisan déteste

------

101. *La Cité de Dieu*, XII, vi-vii.

102. Élohim, d'après Hayyim de Volozhyn (*L'Ame de la vie*, tr. B. Gross, Verdier, Lagrasse, 1986, p. 8), désigne le divin comme « Maître de l'ensemble des forces ». « Élohim est un homonyme pour toutes les forces particulières qui existent dans l'univers. Tous les génies du monde supérieur ou du monde inférieur sont appelés Élohim (...). Leur pouvoir ne dérive pas de leur personne, mais de la force qu'Élohim leur a déléguée afin qu'ils l'exercent librement. Aussi Dieu est-il désigné comme le « Dieu des Élohim » (p. 9n) et de citer Ex 18:11 et Ps 97:7. Buber (*Judaïsme*, Gallimard, 1986, p. 84) propose l'étymologie en ajoutant : « Nous trouvons plusieurs traces de cette divinité plurielle, non différenciée en pouvoirs séparés ayant une existence individuelle, une nature et une vie personnelles, mais se présentant comme une pluralité de forces cosmiques distinctes dans leurs natures et unies dans leur action, une concentration de pouvoirs créateurs, sustentateurs, destructeurs, une nébulosité divine s'étendant au-dessus de la terre, délibérant en elle-même et agissant selon les décisions de son conseil intérieur ».

qui exerce le même art que lui »[103]. Le *Zohar* rapporte une supposition de Rabbi Yehouda selon laquelle la bête aurait tenu ce langage à la femme : « Le Saint béni-soit-Il a mangé de cet arbre, et c'est ainsi seulement qu'il a pu créer le monde. Or, un artisan en valant un autre, mangez également de cet arbre, et vous saurez créer des mondes. Et comme Élohim sait qu'au jour où vous en mangerez, vous lui serez égaux, il vous l'a défendu »[104]. Le tentateur, par cela qu'il présente Dieu comme un menteur craignant soit de perdre sa puissance, soit d'en divulguer l'origine (ce qui serait propre à en assurer le partage), instille la méfiance à son endroit dans l'esprit des humains.

Avant d'analyser le contenu du pouvoir, il me paraît nécessaire de marquer un temps d'arrêt méthodologique. Habituellement, les exégèses du récit de la Genèse s'excluent mutuellement : pour l'une il est question de sexe, pour l'autre de technique, ou de discrimination morale ou d'autonomie, etc. Rien de plus normal puisqu'elles sont contradictoires. *Toutefois*, on oublie souvent qu'on a affaire, avec l'arbre, comme avec le serpent, à un symbole. La multiplicité des interprétations provient de sa polysémie perçue peut-être comme brumeuse et opaque, qui favorise le subjectivisme et l'erreur. La considération d'un processus symbolique exige un pas au-delà : la reconnaissance qu'il est possible de prendre en considération plusieurs interprétations qui, référées à un principe *recteur*, devraient cesser d'être

---

103. *Bereshit Rabba* XIX, 4 ; cf. *Avot de Rabbi Nathan*, B, ch. I.
104. *Zohar*, I, 36a. Pour Jankélévitch qui fait du serpent la figuration du « *linamen* » lapsaire, Adam se révolte parce qu'il a le sentiment qu'on lui cache un secret. Le « *fait* inchoatif » d'Adam cherche à imiter celui du Créateur (*Le Pur et l'impur*, p. 31).

incompatibles. La polysémie a certes sa limite. Il suffirait pourtant de la combiner avec d'autres symboles pour obtenir un nombre appréciable de matrices de sens. Dans le cas présent, le symbole de l'arbre est croisé avec celui du serpent sur lequel je reviendrai.

Dira-t-on : *l'auteur* a voulu, par son recours au symbole, ne signifier qu'une chose, la seule qu'il soit légitime de découvrir? Il faut le nier. S'il avait voulu un sens précis, il n'eût pas fait usage d'une forme aussi labile et aurait été mal inspiré de privilégier la métaphoricité, à moins que nous puissions enfin soutenir qu'il a été bien *inspiré* précisément parce qu'il a formé (je ne dis pas forgé) un mythe englobant dont il a pu soupçonner la richesse sans être capable de l'analyser et qui s'est imposé à lui d'un coup à la manière d'une image poétique, sans aller jusqu'à soutenir, avec Hugo, que le livre de la Genèse est l'ode des temps primitifs de l'humanité, mais en retenant ce que dit Sand du mythe, qu'il est « la vérité relative » de ces mêmes temps[105].

J'ai dit que la combinaison de deux symboles multipliait les sens. Sous un autre rapport, elle les restreint car chacun d'eux ne peut plus signifier que dans son rapport à l'autre. Ainsi par *l'émigration* de l'un vers l'autre, son appui sur lui, ou même leur interconnexion, est tissée une sémantique de l'entrelacs qui, pour demeurer en tension, n'en doit pas moins admettre un principe d'organisation qui, tout à la fois, fait fond sur toutes les données symboliques, énonciatives et narratives, et permet d'éclairer les versions connexes qui sans lui demeureraient   incompatibles.

---

105. *Œuvres autobiographiques,* I, Paris, Gallimard, Bibl. de la Pléiade, 1970, p. 535

Parmi les nombreuses couches du pouvoir, c'est certainement celui de la connaissance auquel il convient d'accorder la priorité du moment qu'il est niché dans le nom de l'arbre. D'ailleurs, certains exégètes, comme P. Humbert, réduisent, comme je l'ai dit, toute l'expression : *connaissance du bien et du mal* au seul savoir qui prodigue l'expérience. *Tôb wâra'* signifierait tout « sans spécialisation, ni normale, ni rationnelle »[106]. Pour l'école qui tient Adam et Ève pour des enfants mentalement, moralement et même biologiquement, tout était encore à connaître. Certains ajoutent que Dieu avait seulement différé un savoir alors prématuré (particulièrement en matière sexuelle). Une précision qui tient compte plus sérieusement de la distinction apportée par la formule « bien et mal » y perçoit l'utile et le nuisible, l'avantageux et le dommageable. Cette opinion de Wellhausen est reprise par d'autres sans égard pour son implication dans la prépotence. La science que Dieu voulait garder par devers soi et que l'homme entend capter à son profit serait la science des secrets du monde, la science qui est le pouvoir[107].

De fait, l'homme voulait être créateur à l'instar de Dieu comme l'a souligné la tradition juive. Dieu lui avait concédé le seul privilège de nommer les créatures — alors que pour Dieu la nomination équivaut à la production (cf. Isaïe 11:26).

L'apprentissage des techniques, à nouveau souligné par Bo Reicke[108], ne peut s'inscrire dans un

---

106. P. Humbert, *op. cit.,* p. 113.

107. Julius Wellhausen, *Prolegomena zur Geschichte Israels,* 1883, I, p. 315 sv.

108 . « The Knowledge Hiden in the Tree of Paradise » in *Journal of Semitic Studies*, 1956, vol. I, p. 198-200.

dessein prométhéen[109] qu'en tant que mode inférieur de l'aptitude à la création. Notons que נָחָשׁ (*naḥash*) signifie à la fois le serpent et la pratique de la magie et de la divination[110]. Je risque ici, sans plus tarder le mot de *magie* présent, par exemple, dans le *Zohar*, sous la forme d'une connaissance par Adam et Ève de tous les secrets de ce monde-ci — les feuilles de l'arbre devant, dans ce contexte, leur servir d'armure et d'accumulateurs de force[111]. Plus bas, la magie, nommément citée, constitue l'acquis de la transgression puisque Adam, à la suite de son expulsion, étudia les feuilles de l'arbre du bien et du mal pour obtenir la science occulte dans laquelle se distingua particulièrement Énosh dont le Zohar dit qu'il a inauguré la pratique de l'art magique[112]. Qu'a ce patriarche de particulier ? D'après 4:26 cité aussi dans ce même passage du *Zohar*, c'est lui qui commença à invoquer le nom de Yahvé[113]. Notre étonnement est soutenu par le fait qu'Énosh est, en règle générale, honoré précisément pour son invocation pré-mosaïque. Il est remarquable que Didyme l'aveugle[114] qui prend l'*invoquer* de la Septante pour un passif et lit : « *espérera devenir semblable à*

---

109. Ernst Bloch qualifie justement de *prométhéisme biblique*, le projet de vouloir être comme Dieu (*L'Athéisme dans le christianisme*, tr. G. Raulet, Paris, Gallimard, 1978, p. 219).

110. On ne s'étonnera donc pas que, dans le conte des frères Grimm intitulé *Le Serpent blanc,* celui qui consomme de la chair du reptile acquiert le don de déchiffrer le langage des animaux. On lit dans la *Bibliothèque* d'Apollodore (I, ix, 11) que des serpents conférèrent à Mélampous son aptitude à comprendre le langage des oiseaux.

111. *Zohar,* I, 36b.

112. *Ibid.*, 56a.

113. Le Texte massorétique propose : « on commença alors » ; la Septante : « celui-ci... »

114. *In Genesim*, ad IV, 26.

Dieu », ne condamne pas Énosh, puisqu'il prend en bonne part la ressemblance à Dieu conçue d'une façon parfaitement théonome. Exception notoire, la lecture, dans la tradition juive, de *hûhal* (commencer) dans le sens de profaner. Le Targum de 4:26 porte que c'est du temps d'Énosh qu'on commença de se fourvoyer. Les hommes fabriquèrent des idoles qu'ils désignaient « du nom de la Parole de Yahvé »[115].

Si l'arbre confère un pouvoir magique, quelle serait la source de l'énergie créatrice? L'association d'Énosh à la magie me permet de suggérer l'hypothèse que le fruit de l'arbre s'identifie au nom occulte de Dieu ignoré par Adam et Ève. Le serpent n'aurait-il rien à nous apprendre à ce sujet ? Animal de la régénération (parce qu'il mue[116]), et partant, de la transmutation en alchimie où il représente le mercure, il partage avec la magie le pouvoir de modifier l'être. Cette analogie est dérivation en Chine où il est à l'origine de tout pouvoir magique ; selon Nöldeke, les termes hébraïques et arabes désignant la magie ont leurs racines dans ceux qui désignent les serpents qui, par ailleurs, peuvent représenter les génies des arbres[117], et

---

115. La gnose, l'hermétisme et l'alchimie finirent par intégrer Enosh à leur littérature (cf. Jung, *Mysterium conjunctionis*, I, p. 35n).

116. C'est ainsi que l'homme aussi perpétuait son existence suivant un mythe africain rapporté par Jung : « La mort est venue dans notre monde par suite de la méprise d'une vieille femme. Lors du dépouillement général (car les hommes se rajeunissaient jadis par dépouillement comme les serpents), elle avait, par distraction, revêtu sa vieille peau au lieu de la neuve, à la suite de quoi elle mourut » (*Métamorphoses de l'âme et ses symboles*, tr. Y. Le Lay, Genève, Gerog, 1967, p. 580).

117. « Die Schlange nach arabischen Volksglauben », in *Zeitschrift für Völkerpsychologie*, 1860, p. 412-413.

donc, pour ce qui intéresse le propos, celui de la science. D'ailleurs, en Mésopotamie, un serpent est appelé : Seigneur de l'arbre véridique[118].

Le plus rusé des animaux (« *ha-naḥaš hayah 'arûm* ») selon le récit de la Genèse (« la ruse, dit Sade, est l'art du scélérat »[119]), n'est pas sans rapport avec la connaissance puisque son ingestion, dans nombre de mythes, confère une science supérieure symbolisée par la capacité de comprendre le langage des oiseaux[120], métaphore de la communication ésotérique. Or la *sorcellerie* peut encore être définie comme « le fait de regarder au-delà de ce qu'il est possible de voir »[121], comme « la démesure du savoir lui-même. L'au-delà de ce que l'on peut supporter dans le vrai, l'illusion qui résulte du vrai insupportable et qui tente du fond même du vrai »[122]. Tout se passe comme si Dieu confessait, avec une héroïne de Sade : « Je n'aime pas qu'on devine mon secret »[123]. La perfidie du serpent enveloppe donc sa manipulation de l'être. Intermédiaire entre l'être et le non-être, il symbolise l'imagination créatrice d'erreurs. Toutefois le magicien n'est pas nécessairement un tisseur d'illusions. Son pouvoir prend racine dans le réel. Le serpent est initié aux mystères de l'être et porte même un regard perçant sur les puissances de l'humaine nature.

---

118. E. Dhorme, *Les Religions de Babylonie et d'Assyrie*, Paris 1945, p. 119-121. Westermann (*op. cit.*, p. 324) a tort d'envisager la seule fonction structurelle du serpent aux dépens de son symbole, avec, pour résultat, de le réduire à son rôle de tentateur comme si le choix de cette figure déterminée était indifférent.
119. *Laurence et Antonio,* in *Les Crimes de l'amour*, p. 165..
120. Nöldeke, *art. cit.*, p. 150.
121. Lévinas, *Du sacré au saint*, Paris, Minuit, 1977, p. 95.
122. *Ibid.*, p. 96-97.
123. *Adélaïde de Brunswick*, ch. I.

L'imagination, dans sa guise maléfique, doit se fonder sur l'orgueil, au moins sous le rapport de l'essence, parce que, sous celui de l'être, c'est l'imagination qui développe l'orgueil. Jacob Boehme disait : « Le faux être du serpent aime à se mirer dans l'orgueil »[124]. La magie est donc sorcellerie dans l'égocentrement absolu. J'accroche donc fermement ce contenu connexe du symbole de l'arbre de la connaissance du bien et du mal au principe explicatif de l'inversion des valeurs et des priorités.

« Tu ne laisseras pas vivre la sorcière » (Ex 22:18) est suivi dans l'Écriture de : « Quiconque s'accouple avec une bête sera mis à mort » (Ex 22:19). De cette proximité, Ben Azaï déduit le mode d'exécution de la sorcière : la lapidation[125], — pour ma part, un rapport à la dramaturgie de la faute où un animal joue un rôle non négligeable puisque l'inobservation de l'interdit alimentaire a paru, à quelques-uns, correspondre à un acte sexuel avec le reptile[126].

Le Targum de Jonathan ben Ouziel (*ad.* 4:1) fait de Caïn le fruit de la relation sexuelle de la femme avec le démon Samaël. N'oublions pas qu'en araméen, le serpent a la même racine (*hwh*) qu'Ève, connotant la vie. « C'est à cause du serpent qu'elle a été appelée Ève », suggère même Joseph de Hamadan[127]. Ce qui se doit conjoindre avec le fait que le démon porte en son nom à la fois la

---

124. *Mysterium magnum*, XXII, 70.

125. *Sanhédrin*, 67a.

126. La lubricité de l'animal est patente dans la symbolique, ce que rappelle le titre d'une nouvelle d'Ueda Akinari qui met en scène un serpent blanc ayant pris guise de femme pour séduire un jeune homme.

127. *Fragment d'un commentaire sur la Genèse*, tr. Ch. Mopsik, Lagrasse, Verdier, 1998, p. 57.

dimension divine (*el*) et l'allusion au venin (*sam*). N'est-il pas celui qui, à en croire les *Pirqé de Rabbi Eliézer* (ch. XIII), « chevaucha » le serpent en vue de l'amener à séduire la future mère des vivants ? On ne négligera donc pas l'accointance des trois grands symboles de la vie que sont l'arbre, le serpent et Ève[128].

Dans l'hypothèse érotique, l'accouplement avec le serpent est la plus folklorique des thèses. Les trois autres retenues dans ce cadre, par Coppens qui, avec Gordis, entend réhabiliter cette hypothèse, sont la bestialité, le péché contre la fin du mariage et le péché contre la sainteté du mariage par l'appel aux divinités de la végétation dont le serpent[129]. Cette hypothèse est soutenue par l'irruption de la pudeur en 3:7 et, plus encore, par l'interférence de l'animal chtonien qui symbolise la libido et la puissance génésique[130]. Coppens qui s'appuie là-dessus estime que le thème de la sexualité dominait une strate originelle qui a été refoulée par le compilateur sans cesse de surnager par endroits, car « pour la Bible et pour l'expérience humaine,

---

128. Sand est l'arbre de vie de son fils, selon son médecin (*Œuvres autobiographiques,* II, Paris, Gallimard, Bibl. de la Pléiade, 1971, p. 392). Chez Renée Vivien : « et ce baiser atteignait l'âme, / Car tu fus à la fois le serpent et la femme ».

129. J. Coppens, *La Connaissance du bien et du mal,* Bruges, Paris, DDB, 1948, p. 24-26.

130. Le serpent a même une signification phallique, cf. Jung, *Métamorphoses de l'âme et ses symboles*, p. 625. Par ailleurs, Jung cite une patiente : « Un petit serpent vert monta jusqu'à ma bouche. Il avait une fine et aimable intelligence comme s'il avait une raison humaine et qu'il voulait me dire quelque chose, comme s'il voulait me donner un baiser » (Jung, *La Psychologie de la démence précoce,* § 284). La citation se passe de commentaire. On ne négligera pas pour autant la statue en marbre d'Auguste Clésinger, *Femme piquée par un serpent,* où l'on sut deviner un orgasme.

l'orgueil et la sensualité se côtoient »[131]. Embarrassé par Genèse, 3:22 qui, dans la ligne de sa thèse, attribuerait la sexualité à Dieu ou à tout le moins à ses anges, Coppens se refuse à recourir à la solution désespérée de l'ironie divine et se tire d'affaire en lisant : « Voici qu'Adam, comme chacun à naître de lui, apprendra à connaître le bien et le mal »[132]. Il n'était pas nécessaire de torturer le texte puisqu'il suffisait de surdéterminer, comme je le fais, l'éros par l'autonomie. S'explique alors la nature du châtiment infligé à Ève : la perte de l'autonomie par emphase de l'érotisme, puisqu'elle sera dominée par l'homme vers lequel la portera son désir et qu'elle souffrira de ses engendrements (3:16).

Robert Gordis a développé la thèse de l'équivalence de la connaissance du bien et du mal à la sexualité. Les deux arbres représentent deux voies opposées vers la vie éternelle : l'arbre de vie confère l'immortalité personnelle, l'autre une immortalité impersonnelle subsidiaire à travers la procréation[133]. La découverte des manuscrits de la Mer morte lui a permis de revenir à la charge vingt ans plus tard. Le texte qumranien, à l'en croire, confirme en tous points sa thèse : « Il ne s'approchera pas d'une femme pour avoir commerce avec elle jusqu'à la complétion de

---

131. J. Coppens, « Miscellanées bibliques » in *Ephemerides theologicæ lovanienses* XXIV, 1984, p. 396, 401n, Coppens cite L. Ragaz pour qui le péché a consisté en une rébellion contre le mariage en faveur du désordre sexuel.
132. *Ibid.*, p. 413-414.
133. R. Gordis, « The Significance of the Paradise myth », p. 86-94. Bo Reicke reprend cette opinion, *art. cit.,* p. 197. Pour Jacques Réda (*Récitatif,* Gallimard, Paris 1988, p. 86), c'est la chair, non l'âme, qui éprouve le désir d'éternité.

ses vingt ans, quand il saura le bien et le mal »[134]. Faisant fond sur l'usage euphémistique de *yâda'*, il suggère, non sans originalité et témérité, que l'expression *tôb wârâ'*, exprime toute la série des expériences sexuelles, c'est-à-dire les normales (*tob*) et les anormales (*ra'*)[135]. À l'appui de cette dernière suggestion, il mentionne l'emploi de *yâda'* dans les contextes de violence homosexuelle[136]. Pour résoudre l'aporie de 3:22, il ne va pas par quatre chemins puisqu'il dote, comme je l'ai dit, les élohim d'une activité sexuelle, comme trace d'une couche archaïque qui apparaît une deuxième fois avec l'allusion énigmatique à la liaison des fils d'*Élohim* avec les filles des hommes de 6:2-4. Adam n'a donc pas voulu se contenter de la seule immortalité personnelle et a voulu, à l'imitation de Dieu, procréer. Gordis trouve une confirmation de cette leçon dans *Gilgamesh* où le sauvageon Enkidou, grâce à son rapport sexuel avec la fille de joie, se distingue enfin de ses animaux qui ne le reconnaissent plus maintenant que son intelligence s'est éveillée : l'ouverture de la conscience est scission interne. La courtisane lui dit : « Tu es *sage* (lecture de Gordis là où d'autres lisent *beau*), Enkidou, tu es devenu comme un dieu »[137].

Gordis néglige volontairement les acceptions de *yâda'* qui n'impliquent aucune sexualité. Son attribution de cette dernière aux élohim me paraît arbitraire. Le

---

134. R. Gordis, « The knowledge of good and evil in the Old Testament and the Qumran scrolls », p. 124.
135. *Ibid.*, p. 131.
136. *Ibid.*, p. 132-133 ; Genèse 19:5, Juges 19:22.
137. *Gilgamesh* I, col IV, 34, cité in *Ibid.*, p. 135. Mon interprétation est différente. Voir la note complémentaire I.

récit de la création n'a pas gardé la moindre trace d'une quelconque activité syzygique[138].

L'hypothèse sexuelle ne peut être prise en considération que sur base de la conjonction des symboles de l'arbre et du serpent. La fiction d'un coït bestial permettait de désigner l'inversion de l'amour. Comme Ève avec le serpent, de même avec Adam : un amour détourné de sa finalité. En sens inverse de Gordis, la sexualité exclut si peu le sens général de la connaissance qu'elle en devient un mode. C'est Baader qui faisait remarquer la profonde analogie entre l'instinct de connaissance et l'instinct de reproduction[139], et c'est Patrice de La Tour du Pin qui faisait fond là-dessus par une fine suggestion :

«Le besoin de comprendre assaille tout mon être,
Me harcèle comme un sexe d'adolescent,
Me tord comme jamais ne m'a tordu mon sang»[140].

Même là où règne l'euphémisme, la manière ne peut être exclue : l'acte sexuel est une façon de connaître et l'autre et soi-même, toutefois dans une réciproque réduction aux sens et aux impulsions instinctives par lesquels l'homme *communique* à la bête, pas assez cependant pour abolir toute sa conscience qu'il leur asservit pour scander par l'imagination le rythme de la possession, pour pénétrer muni d'une torche dans les

---

138. Herold Stern (« The knowledge of Good and Evil », in *Vetus Testamentum*, VIII, 1985/4, p. 414) tombe d'accord avec Gordis pour ce qui regarde la thèse sexuelle, y compris la perversion, mais il tire argument de Genèse 3:22 pour rejoindre celle d'une sagesse qui intégrerait le secret de la production des choses et donc les arts magiques.
139. *Sämmtliche Werke*, I, Leipzig, 1851, p. 39-48.
140. *Le Second Jeu*, Paris, Gallimard, 1959, p. 157.

entrailles de l'être afin d'en prendre mesure et découvrir le secret de la création[141]. La gravité de la chute tient à ceci que tout en communiant au bestial (dans certaines formes du mal), on ne cesse pas d'être humain. Sur ce point, le jugement de Sand est sûr. Il vaut pour les sauvages qu'entrevoit le Marlowe de Joseph Conrad qui s'est rendu au cœur des ténèbres : « On dit de certains êtres dégradés dans l'humanité que ce sont des bêtes féroces. C'est une métaphore ; car ces prétendues bêtes sont encore des hommes et commettent le crime à la manière des hommes, sous l'impulsion de passions humaines et à l'aide de calculs humains »[142]. Entre l'éclipse de l'esprit et sa perversion le sens de la personne est corrompu. J'ai dit possession, disons aussi domination comme l'enquête qui suit le montre.

J'ai déjà souligné la valeur *concrète* du verbe *yâda'* qui exclut une simple science théorique. L'analyse peut maintenant éclairer de nouvelles zones. Florent Gaboriau a consacré à la racine *yd'* une étude qui met en relief le motif de la domination selon le mouvement de la mainmise et l'état de possession[143]. Procksch a même suggéré une parenté entre *yd'* et *yd* (main)[144]. Gaboriau conclut : « De là l'idée de dominer, d'avoir bien en main, de maîtriser : l'indication d'une main qui se dresse, d'un

---

141. Dans *L'Homme au sable* de Hoffmann, les explorations alchimiques de Coppélius et du père de Nathanaël recouvrent en fait, comme l'interprétation peut le mettre au jour, une activité sexuelle. L'enfant surpris est « démonté » par Coppélius qui veut comparer son œuvre avec celle de Dieu et qui doit reconnaître la supériorité du « Vieux ». Sexualité et magie se donnent la main.
142. Sand, *L'Uscoque*, p. 122.
143. *Le Thème biblique de la connaissance*, Desclée, Paris, s.d.
144. *Ibid.*, p. 19-20.

organe qui s'avance, d'une faculté qui se tend vers l'objet soumis à une "mainmise", forcée en quelque sorte. On le voit, l'idée de prendre en main, ou plus primitivement de "porter la (main) sur", est naturellement ouverte à une signification tantôt favorable ou hostile, tantôt intellectuelle ou pratique, dont la conclusion nous ramène toujours à la notion de "posséder", ou d'"avoir", c'est-à-dire de "main-tenir" »[145]. En Juges 16:20, il est dit que dans la lutte qui le mit aux prises avec les Philistins, la force de Samson ne fut pas *connue*, c'est-à-dire qu'il ne succomba pas[146]. Ce n'est pas l'euphémisme qui explique le transfert de la connaissance à l'accouplement, c'est l'analogie de la domination. Là encore la prise est impliquée et même éventuellement, un droit de propriété conféré par le coït[147]. Quand Dieu connaît, son pouvoir est immédiatement exercé[148]. Il n'en va pas de même pour l'homme qui doit louvoyer, forcer, capter pour soumettre[149].

Comme mon propos procède de la considération d'une expérience répétée, celle de l'humanité, il me paraît pertinent et intéressant de l'étayer par le recours à un roman, *Le Château* de Kafka. Je présuppose que l'œuvre littéraire développe une représentation qui a acquis des droits à l'universalité. L'auteur n'ignore pas l'ambivalence de *yada'*.

---

145. *Ibid.*, p. 20.

146. *Ibid.*, p. 37.

147. *Ibid.*

148. *Ibid.*, p. 46-48.

149. *Ibid.*, p. 87. Dieu a la *main* haute sur les affaires du monde. Sur *êl yâdi* comme puissance de la main, cf. *Ibid.*, p. 88n. « La guerre, c'est l'embuscade », dit Lévinas (*Liberté et commandement*, Fata Morgana, Montpellier, 1994, p. 38).

La notion même de connaissance est si équivoque que l'instituteur à qui K., le personnage principal du roman qui vient de débarquer dans le village, demande s'il connaît le Comte, répond par la négative et se récrie : « Comment le connaîtrai-je? » pour ajouter « songez à la présence de ces enfants innocents »[150]. Le lecteur qui supposera lubrique le Comte restera sur sa faim car il n'en sera plus question, l'attention se portant sur les rapports des fonctionnaires avec les filles du village, rapports qui ne sont pas sans rappeler la passion éprouvée par les bené Élohim à l'endroit des filles des hommes de 6:1-6. Ici et là se produit une *communication*.

Entre Frieda, la maîtresse de Klamm, l'un des fonctionnaires du château et K., l'acte sexuel est connaissance et maîtrise. Quand K. s'est vu regardé par Frieda, il éprouva le sentiment d'être dominé et pénétré dans ce qu'il ignorait de soi[151]. Et, à la première occasion, Frieda pose son pied sur la poitrine de l'étranger[152]. En découvrant son secret, à la faveur de la sexualité, il s'égare[153]. Le lendemain, ils cherchèrent en vain quelque chose dans leur nouvelle étreinte[154] — l'essence de

---

150. Kafka, *Œuvres complètes*, I, tr. A. Vialatte, Pléiade, Paris 1976, p. 501.
151. *Ibid.*, p. 528-529.
152. *Ibid.*, p. 534.
153. *Ibid.*, p. 535 : « Des heures passèrent là, des heures d'haleines mêlées, de battements de cœur commun, des heures durant lesquelles K. ne cessa d'éprouver l'impression qu'il se perdait, qu'il s'était enfoncé si loin que le nul être avant lui n'avait fait plus de chemin ».
154. *Ibid.*, p. 539: « Elle cherchait et cherchait encore quelque chose, furieuse de son partenaire, et leurs enlacements et les bonds de leurs corps qui se précipitaient l'un sur l'autre ne leur faisaient pas oublier, mais leur rappelaient au contraire, le devoir de chercher encore ; comme des chiens qui grattent désespérément le sol, c'est ainsi qu'ils

l'autre afin que dans la possession sexuelle se réalise la possession essentielle ? Le sens de ce passage apparaît plus bas, lorsque K. pense étreindre également Pépi pour lui arracher ses richesses, ou du moins les toucher du doigt[155]. Ces trésors sont ses accointances avec le Château, et donc le moyen pour lui d'entrer en rapport avec l'ordre transcendant. Une variante de ce passage précise que s'il l'avait « soupçonnée de posséder quelque lien avec le Château (...), il aurait cherché à lui arracher son secret par les mêmes étreintes que celles dont il avait dû user avec Frieda »[156]. Ce que K. cherche donc dans le coït, c'est, au-delà de l'essence (de l'ipséité proprement dite), découvrir le rapport d'autrui à Dieu, l'*imago Dei*, dont il a perdu la trace (le roman est d'ailleurs marqué par la nostalgie active). En revanche, ce que poursuit Frieda en K., c'est l'humanité brute qui l'affranchit enfin du divin trop oppressant, omniprésent et omniscient[157]. Mais peut-on celer quelque chose à Klamm? Certes non, à en croire son secrétaire Momus[158]. C'est pourquoi, après sa trahison, Frieda, à l'instar d'Adam et d'Ève, ne songe qu'à se dissimuler, avec K., en une « fosse étroite et profonde », chacun cachant son visage contre l'autre afin que personne ne les voie[159]. Dans un fragment sans

---

s'acharnaient l'un contre l'autre ». Cette quête éperdue a quelque chose due l'effort de la mémoire. L'hébreu tire de la même racine, *zkr,* le souvenir et le sexe masculin.

155. *Ibid.*, p. 594 et correction de la p. 1205.

156. *Ibid.*, p. 1205.

157. *Ibid.*, p. 632 : « Où Klamm n'est-il donc pas ici ? dit Frieda. Il n'y a que trop de Klamm en ces lieux; c'est pour lui échapper que je veux m'en aller ». P. 634 : « C'est le regard de Klamm qui me traverse parfois le corps quand ils [les aides de K. qui sont peut-être des émissaires de Klamm] m'observent ».

158. *Ibid.*, p. 609.

159. *Ibid.*, p. 633. À la suite, K. et Frieda, dominés par la culpabilité

rapport avec le *Château* Kafka écrit « Nous rampions dans la poussière, un couple de serpents »[160].

Devenus des dieux, les hommes n'y accèdent que morts et doivent, comme les « faussaires » de Patrice de la Tour du Pin, proclamer :

> « Ah ! laissons s'assouvir les dieux morts que
> nous sommes,
> Savourons-nous toujours voluptueusement ! »[161]

J'ai évoqué ces mystérieux bené Élohim[162]. Leur commerce avec les filles des hommes dut paraître répréhensible aux yeux de Yahvé puisqu'il intervint pour mettre un terme à la durée prolongée de leurs rejetons (et par là à leur immortalité espérée). La chute est suggérée par l'allusion aux Néphilim (de *nâfal* : tomber) qui habitaient la terre en ces temps-là (Genèse 6:4). Pour les filles des hommes, les étreintes et les procréations permettaient de rapprocher l'humain du divin, remède à l'expulsion qui permet pour ainsi dire à l'humain de s'alimenter indirectement à l'arbre de vie. Ce que Yahvé interrompt, c'est un processus d'incarnation qui dilue la divinité[163]. Encore une fausse « christologie » et une

---

devaient s'unir avec le sentiment de voler à un tiers son plaisir. Leur accouplement fait penser à une rapine réciproque où chacun se cache de l'autre. La page a été biffée par Kafka (p. 1239).

160. In *Œuvres complètes*, II, Pléiade, Paris 1980, p. 545.

161. *Une somme de Poésie*, Gallimard, Paris 1946, p. 547.

162. Les bené Élohim qui font partie de la cour divine (cf. Job 1:6) ne sauraient s'identifier aux anges du premier rang.

163. En un autre sens, le processus est désincarnationnel et plus précisément déshumanisant. G. Von Rad a souligné (*op. cit.*, p. 141) que la confusion des élohim et des êtres humains altère la condition créaturelle de l'homme en produisant une *surhumanité démoniaque*

mauvaise déification. Encore une perversion. L'hypothèse sexuelle bien comprise, retenue ici sur base du symbole, au même titre que la magie, confirme la thèse principale de l'autonomie divinisatrice.

En conclusion, je voudrais, à travers deux déplacements, lointain et prochain, ériger deux arc-boutants de la construction.

Au livre IX de la *République*, Platon tente de définir le tyran en lequel culminent toutes les figures du mal. Il monte en épingle son désir d'être égal au dieu (*isothéos*) en prenant le divin pour une outre de désirs immédiatement satisfaits sans égard pour la mesure, la tempérance et donc la justice. Comme le tyran veut tout, Platon le compare à l'âme d'un homme repu qui rêve dans son sommeil de tout oser sans pudeur aucune comme de tuer, de commettre l'inceste maternel, ou de s'unir « à qui que ce soit : homme, dieu ou bête » (571 cd). J'ai consacré à ce texte un commentaire auquel je ne peux que renvoyer le lecteur. J'y ai montré l'inversion du rapport au divin et observé en ces désirs le dessein nourri d'une destruction de l'ordre social et naturel, comme une inflation de l'humanité qui déborde ses frontières pour investir et la divinité et l'animalité en opérant leur confusion[164]. La sexualité désordonnée est inexplicable sans la catégorie de la connaissance qui, à son tour, est significative seulement dans le cadre de l'inversion. Du désir de pénétrer la sphère divine par la sexualité, la *Genèse* (19:5) offre un parallèle qu'on ne peut négliger de mentionner. Partis enquêter sur le nombre des justes à Sodome, les deux anges de Yahvé suscitent la convoitise des habitants qui cherchent à les « connaître » en les violant. Il importe peu, au plan du symbole, qu'ils les aient pris pour

---

contraire aux lois de la création.

164. *L'Écharde du mal dans la chair de Dieu*, I, § 1-2.

des hommes. Jude l'a compris qui, dans son Épître, v. 7, flétrit leur désir d'une « chair différente ».

Si le Christ est le nouvel Adam, il doit être possible de dépister la trace de Sa réplique au péché inaugurateur. L'entame du récit pourrait être : « Après quarante jours de jeûne, Jésus torturé par la faim, vit se dresser un majestueux arbre près duquel se tenait Satan »[165]. Je tiens que le sens du fruit de l'arbre de la connaissance du bien et du mal ne peut mieux être développé en sa valence originaire (c'est-à-dire en son contenu premier) sinon sous la forme des trois tentations. Jésus surmonte le désir de magie, celui de tenter Dieu, celui d'être tyran et donc d'inverser Dieu en adorant sa contrefaçon[166]. L'absence ici de toute tentation sexuelle ne réduit pas l'extension des contenus secondaires consentie à l'arbre. Elle témoigne, en premier lieu, de la radicalité du contenu premier, et deuxièmement, de l'indifférence de Jésus à ce type de sollicitation. En lui, l'esprit domine si fort que, quoique homme (*vir*), il ignore la différenciation sexuelle. Tout bien considéré, la tentation sexuelle dérive naturellement de la première et de la troisième. En un mot, Jésus surmonte l'autonomie pervertie[167]. Goethe dit :

« Seule la loi peut nous apporter la liberté »[168].

---

165. Le diable n'a guère l'apparence de la couleuvre dans l'épisode néo-testamentaire (sauf dans sa transposition dans *La Dernière Tentation* de Kazantzaki).

166. Cf. J. Hatem, *Jésus au désert : épreuve et tentation,* Paris, Éd. du Cygne, 2015.

167 Tel n'est pas le sentiment d'Abulafia qui, reprenant l'accusation adressée à Jésus d'élever une prétention indue à la divinité, déclare qu'il fut pendu à l'arbre du bien et du mal (cf. Moshe Idel, *Studies in Ecstatic Kabbalah*, Albany, SUNY, 1988, p. 52).

168. *Was wir bringen,* dernier vers.

L'ÉVEIL DE L'INTELLIGENCE

L'intelligence d'Enkidou s'éveille au contact de la femme. Le voici arraché à l'état de nature et à l'immersion dans le monde végétal et animal. La rencontre avec l'homme n'avait pas suffi à l'humaniser. Comme ils eussent pu s'entretuer à l'instar des deux consciences de soi dans *la Phénoménologie de l'Esprit* de Hegel, le chasseur fit appel à une fille de joie pour socialiser l'homme sauvage. Le rapport sexuel confère tout ensemble la conscience de soi et le sentiment de la finitude. Enkidou agonisant maudit chasseur et courtisane sans lesquels il n'eût pas, en fait, *connu* la mort, non qu'il ait été immortel, mais parce que, comme dirait Rilke, vivant dans l'Ouvert à la manière des animaux, il ne la voyait pas. Le dieu solaire Shamash blâme Enkidou de dénigrer sa socialisation qui lui a valu l'amitié de Gilgamesh (VII, 35-39). Mais il y a plus : le passage de l'animalité à l'humanité ne s'achève pas par l'amitié virile après la médiation de la féminité, car ce n'est toujours qu'horizontalité, même si supérieure. Il faut à l'homme la verticalité affirmée. C'est pourquoi notre sauvage est finalement conduit au temple sacré, séjour d'Anou et d'Enlil (IV, 37). Il n'y a d'humanité totale que par la transcendance.

Ce dont la femme libère Enkidou, l'indifférenciation, Ishtar cherche, en quelque sorte, à y reconduire Gilgamesh qui refuse tout commerce charnel avec elle qui transforma le jardinier de son père en grenouille. C'est le ressentiment de la déesse qui déclenche le processus exodique de

Gilgamesh. Les deux amis tuent le taureau céleste envoyé par la déesse pour la venger. Les dieux décrètent alors la mort d'Enkidou à la suite de laquelle Gilgamesh, fortement ébranlé, comme par l'extinction d'une partie de lui-même, décide de conquérir la vie éternelle. Le refus de l'hiérogamie divino-humaine (dont il est sans doute issu puisqu'on dit de lui qu'il a deux tiers de chair divine) le déporte vers une nouvelle conception de la transcendance, la forme d'absoluité génératrice de confiance et de maîtrise qui peut être acquise humainement. Il part s'informer auprès d'Outanapishtim, son aïeul, déifié par les dieux après le déluge, de la manière d'obtenir l'immortalité. Près de se saisir de la plante qui la confère, il voit un serpent le prévenir et la déglutir. La science native de l'animal chtonien lui assure avantage.

Un passage de la fin de l'acte deuxième du *Parsifal* de Wagner témoigne d'un progrès dans cette thématique. Le baiser de Kundry éveille au monde un Parsifal encore tout à fait indéterminé, en deçà du bien et du mal, et parfaitement incapable d'assumer le rôle de sauveur auquel il est, par nature, destiné. L'union charnelle, lui révèle-t-elle, ferait de lui un dieu, à quoi il se refuse pour devenir le rédempteur autorédimé.

En revanche, pour Maria de Naglowska, fondatrice de secte et auteur d'un récit intitulé *Le Rite sacré de l'amour magique* (1932), la sexualité suffit à transformer en initié un jeune Cosaque dont la mission consiste désormais à rédimer... Satan ! Le projet de réhabiliter la figure de Lucifer (en tant que protecteur du genre humain et symbole de la vie de la chair moyennant une union de l'esprit et du corps dans laquelle le prétendu mal se met au service du bien) revient à diverses sectes dont Sand fait état dans *Consuelo* (ch. LIV). Cela ne l'empêche nullement d'en récuser l'existence encore qu'elle le qualifie joliment d'« inquisiteur des ténèbres »[169].

NOTE COMPLÉMENTAIRE II

LE SERPENT COMME
SYMBOLE DE LA LUMIÈRE

Il n'est pas étonnant que la fulguration céleste ait été comparée dans l'antiquité au mouvement du serpent. Macrobe rapporte que le dragon représente la carrière sinueuse que parcourt le soleil, et de citer un fragment d'Euripide évoquant un dragon enflammé (« Πυριγενὴς δὲ δράκων ») qui conduit les quatre saisons et dont le char roule avec harmonie[170].

---

169. *Œuvres autobiographiques,* I, p. 27. Sa conviction est qu'il n'y a que *l'ignorance* et non le mal comme tel (*Œuvres autobiographiques,* II, p. 465). Dans *La Comtesse de Rudolstadt* (ch. XIX) : *l'erreur,* ce qui est déjà plus que la simple *ignorance,* mais que la lumière divine ne manquera pas aussi de dissiper. Il suit de là que la réhabilitation de Lucifer ne manquera pas d'être envisagée.
170. *Les Saturnales,* I, ch. xxi.

CHAPITRE II

GNOSE ET SALUT

> « Au fond, Dieu veut que l'homme
> désobéisse. Désobéir, c'est chercher »
> (Victor Hugo).

Après avoir cité Genèse 3:22, Ernst Bloch se demande : « Pour tout dire, en quoi est-ce donc un péché que de vouloir devenir comme Dieu et savoir ce qui est bien et ce qui est mal ? C'est là chose à tel point ambiguë et il est si peu sûr que ce soit un péché qu'il se trouva par la suite d'innombrables croyants plutôt prêts à voir dans le refus de devenir comme Dieu le véritable péché originel, pour autant que le texte le permette. Quant à la connaissance du bien et du mal, n'est-elle pas le propre de l'homme, dès lors qu'il quitte le jardin du paradis où Adam et Ève vivaient parmi les bêtes, pour devenir homme ? ». Et Bloch de conclure : « Là où il est question du serpent, on a toujours affaire, dans la Bible souterraine, au mouvement endémique d'un esprit porteur de lumière et non à l'innocence creuse et servile des esclaves »[171]. Précisons : si le serpent fait peur (ainsi que systématiquement dans le roman de Stig Dagerman qui porte son nom), c'est aussi en raison de sa lumière qui déchire…

---

171. *L'Athéisme dans le christianisme*, p. 107.

C'est ainsi que la théorie blochienne de deux Bibles concurrentes circulant à travers le même texte vénérable, une Bible des opprimés et de la lumière, contredite et jugulée par une Bible des seigneurs et des ténèbres, invite à prendre en bonne part la transgression, car la voici élevée à la dignité de revendication humaniste, le tentateur s'arrogeant, pour sa part, le rang d'*Aufklärer*. Tout le possible juteux du fruit est exprimé par la main qui s'arrache à la pesanteur animale et fonde la civilisation. Face à l'exégèse théocratique se dresse l'exégèse spirituelle, celle qui concerne précisément l'animal pneumatique qu'est le serpent pour la plupart des gnostiques. Non que Dieu tirera le bien même du péché (*etiam peccata*, comme chez Claudel), mais le péché n'en est pas un, au contraire !

Dans la suite du livre, Bloch reproduit un passage de l'*Elenchos* d'Hippolyte qui a consigné un enseignement des ophites de considérable portée : « Ce serpent dont la signification est si étendue est la sagesse du Logos pour Ève. C'est le mystère de l'Éden »[172]. La clef de cette sentence se lit dans le *Témoignage véritable* découvert à Nag Hammadi dont l'auteur anticipa les réflexions de Bloch. Après voir proposé un abrégé de Genèse III, il juge que le Dieu qui eut affaire à Adam s'avère non seulement envieux et ignorant, mais se complaît aussi à obturer l'entendement de l'humanité. Mais surtout l'arbre de la connaissance du bien et du mal est par lui dit de la gnose[173], celle des réalités supérieures. Qui ne sait pas d'où et comment il est venu, se croira de ce monde si bien que la voie du retour lui sera fermée[174].

---

172. *Ibid.*, p. 218.
173. NH IX, 3, p. 47-48.
174. Voir *Dialogue du Sauveur*, NH III, 5, p. 134.

L'Écrit sans titre, qui est d'inspiration valentinienne, estime que l'intellect du couple primordial s'ouvre après qu'ils ont consommé le fruit de l'arbre (où Sophia-Zoé est entrée) à l'instigation du serpent instructeur (qui a lui-même la nature de la sagesse[175]), ce qui signifie qu'ils sont illuminés et susceptibles de distinguer entre les hommes bons et les mauvais. Leur nudité s'explique alors comme conscience de s'être dépouillés du commerce charnel qui les couvrait de honte, si bien que désormais leur amour mutuel est spirituel[176]. Le Dieu dont il est question désigne simplement le démiurge (identifié à la déité de l'Ancien Testament) qui n'a guère le plus infime soupçon de son origine, différent du Plérôme pneumatique et inférieur à lui. C'est pour maintenir l'homme dans la matière, dit *L'Apocryphon de Jean,* et l'empêcher de regarder en haut, vers sa plénitude, qu'il lui interdit de s'approcher de l'arbre qui est en réalité « l'Intelligence lumière », la Vie (non l'arbre dit, dans la Genèse, de la vie qui, lui, est porteur de poison car la vie dont il est le réceptacle est celle des Archontes[177]). Remarquable renversement ! L'ironie ophidienne est devenue celle de la vérité !

Là, c'est le Christ lui-même qui se charge de l'enseignement, le serpent se consacrant à initier à la

---

175. Selon *L'Hypostase des Archontes*, c'est Zoé, elle-même, la femme pneumatique, qui éclaira l'Ève charnelle, après être entrée dans le serpent (NH II, 4, p. 89).
176. NH II, 5, p. 119.
177. Il est à noter que l'arbre de la connaissance du bien et du mal ne passe plus pour celui de la gnose libératrice dès lors que l'auteur, comme celui de l'*Évangile selon Philippe*, l'associe à la Loi. Recevoir des commandements, c'est déjà entrer dans la mort (NH II, 3, p. 74). Mais la mort peut être traversée au bénéfice du salut. À cet égard, le serpent du *Traité tripartite,* bien que tenu pour maléfique, sert un dessein qui le dépasse (NH I, 5, p. 107).

concupiscence charnelle[178] (*Zoè* et *Bios* en conflit).
Manière de n'être pas confondu avec l'animal, ce devant
quoi ne recule pas le *Témoignage véritable* pour qui le
Christ parle *par* le serpent[179]. En conclusion, dans les
textes qui valorisent son rôle d'instructeur, le serpent est
soit cet animal à sang froid qui est instrumentalisé avant
d'être rendu à sa condition terrestre[180], soit un esprit ayant
pris guise physique, soit l'énergie de l'Inconscient qui se
manifeste dans le psychisme en vue d'une transfiguration
de l'individu, soit, comme dans la relation que fait Irénée
de l'idée ophite, un fils de l'Archonte Yaldabaoth qui
bafoue les ordres de son Père en instruisant l'humanité,
ce pour quoi il est déchu et devient, en Prométhée repenti,
son ennemi et tourmenteur pour se venger d'elle qui causa
sa perte[181]. En toutes ces configurations, le gnosticisme
use de l'arme de l'ironie, ce que l'on observe également
dans *l'Évangile de Judas* (p. 56) où la trahison est louée
pour ce qu'elle élimine « l'homme » qui porte Jésus,
entendre : la chair dont il est revêtu.

Si la transgression de l'interdit est bénéfique,
qu'est-ce que la Loi ? En tant qu'elle est promulguée par
le démiurge, elle passe pour mauvaise ou insuffisante
selon les diverses écoles gnostiques (lesquelles toutes

---

178 NH II, 1, p. 22.
179. NH IX, 3, p. 49.
180. Pour un néo-gnostique, comme Mikhail Naimy, par le reptile du
Paradis s'exprime la dualité active nécessaire à toute vie et à toute
individuation (*The Book of Mirdad*, Londres, Arkana, 1993, p. 154).
181. *Contre les hérésies*, I, 30, 7-8. Ce n'est pas sans rappeler qu'une
secte marcioniste tenait le Christ pour le fils du Dieu juste. Il aurait
rompu avec son géniteur pour s'attacher au Dieu bon qui le missionne
alors pour la double tâche de la rédemption des hommes et de la
destruction de ce que son père avait établi (Épiphane de Salamis,
Panarion, XLII).

cherchent à savoir d'où provient le mal et ce qu'il est)[182]. Mauvaise, parce qu'elle promeut et organise l'inhérence dans la matière : elle est souillure pour ce qu'elle ordonne de procréer[183]. Insuffisante, car privée de bonté. On substitue à l'opposition frontale de la Nature et de Loi, un antagonisme moins typique entre l'Essence et la Loi. La *Lettre à Flora* de Ptolémée souligne que par cela qu'elle ne saurait être dite d'inspiration satanique – puisqu'elle s'oppose à l'injustice (3:2, 5) et qu'elle n'est pas non plus le fait du Dieu parfait –, on la dira donnée par un autre, qui est le démiurge (7:3), un Dieu inférieur certes et engendré, mais juste (7:6). Dans les deux cas, la Loi du démiurge est déficiente car, ignorante comme son promoteur, elle n'incite pas à la gnose qui est tout à la fois connaissance pour chacun de son essence et régénération dans le Plérôme[184]. L'imposition d'une Loi, quelle qu'elle soit, apparaît dès lors comme une aliénation, particulièrement pour les pneumatiques : « Les insensés et les aveugles persistent dans leur folie, toujours esclaves d'une Loi »[185]. C'est que la Loi advenant de l'extérieur[186]

---

182. Voir J. Hatem, *Le Sauveur et les viscères de l'être. Sur le gnosticisme et Michel Henry,* Paris, L'Harmattan, 2004.

183. *Témoignage véritable*, NH IX, 3, p. 30.

184. Il est à noter que l'ignorance suivant la gnose ne relève pas d'un mal défectif, comme pour un Socrate. Elle est un mal devenu substantiel dans les conditions de la chute.

185. *Deuxième traité du Grand Seth*, NH VII, 2, p. 65.

186. Il est à noter que Valentin admet une loi inscrite dans le cœur (cf. Clément d'Alexandrie, *Stromates* VI, 52, 4), expression de l'autonomie gnostique. La Loi qui vient de l'extérieur n'est guère la Loi qui interpelle comme une voix étrangère. La seconde modalité est compatible avec l'autonomie. Toutes deux, toutefois, peuvent évoluer, dans la représentation à tout le moins, de telle manière que le *Tu dois* se transforme en un *Je veux,* soit dans une adhésion qui

n'est guère conforme à l'essence de l'homme. En lui-même, l'esprit est anomique. Il est pure adhésion à soi. On ne le dira autonomique qu'en spécifiant qu'il n'a aucune représentation d'un code moral à suivre, mais qu'il s'éprouve dans la spontanéité de sa vie. Mais si immédiate que soit son auto-appréhension, reste le besoin de connaître son origine. L'être n'explique pas plus le devoir-être que le non-être. Il a fallu la montée du désir de l'éon Sophia (dans la variante ptoléméenne de la gnose de Valentin) pour qu'une limite fût posée refoulant l'impétueuse. Ce n'est pas l'interdit qui inspire le désir, mais l'inverse, le désir l'interdit. La pléonexie (ou pulsion d'avoir toujours plus) suscite sa limite. Alors que Platon souligne son ambivalence selon les objets sur lesquels elle se porte (le méchant fera plus de mal, le bon plus de bien), pour Ptolémée, elle est condamnable en soi car tout surcroît engendre du désordre et finit par lézarder l'esprit. Ce n'est pas seulement que la moitié vaut plus que le tout, ainsi que l'enseigne Hésiode[187], mais la sagesse devrait être quiétude.

La Loi livre donc bataille à la Vérité, si bien qu'il faut impérativement choisir entre ces deux maîtres[188]. Il est clair que le Sauveur qui triomphe de la mort abolit dans le même geste la Loi qui régit le monde[189]. Non

oublie qu'elle a été imposée, soit dans la reconnaissance de l'identité entre l'intérieur et l'extérieur. Il y a également à distinguer le droit et la simple légalité. Celui-là suppose des esprits qui possèdent statut d'êtres spontanément libres, tandis que celle-ci peut être despotique. Dans la mesure où toute infraction à la loi passe pour subversive, il ne reste plus qu'à en contester la légitimité.

187. *Les Travaux et les jours*, v. 40.
188. *Témoignage véritable*, NH IX, 3, p. 29.
189. Cf. *L'Entendement de la Grande Puissance,* NH VI, 4, p. 42.

content de disqualifier la Torah, laquelle est œuvre du démiurge qui ne maîtrise que de l'inessentiel, Jésus-Christ est accusé par les Archontes de n'en guère observer les préceptes[190]. On ne s'étonnera donc pas qu'il enjoint à ses apôtres de renoncer à en imposer de nouveaux[191], soit que l'humanité y mettra du sien (ainsi que dans la Torah, selon Ptolémée[192]), soit que les Archontes en profiteront pour y insérer du leur.

La destitution de la Loi implique-t-elle nécessairement l'antinomisme ? Elle l'appelle comme son sceau s'il est nécessaire de marquer l'affranchissement quoique ne comprenant pas de soi le libertinage dont les hérésiologues philonomes taxent leurs adversaires, car outre que les textes gnostiques n'en font pas état, la débauche sexuelle est considérée par eux comme éminemment anti-gnostique par cela qu'elle enlise la personne dans l'épaisseur de la matière. La passion est

---

190. *Melchisédek*, NH IX, 1, p. 3.

191. *Évangile selon Marie*, Codex de Berlin 8502, p. 9. En conclusion, Marie demande qu'on proclame la bonne nouvelle sans établir de règle ou de loi en dehors de ce que le Seigneur a dit (p. 14), ce qui laisse à supposer que l'enseignement de Jésus comporte une loi. En accord avec le passage parallèle trouvé dans le Papyrus Rylands 463 (qui donne l'original grec), je lis simplement : proclamer l'Évangile sans fixer de règle ni de loi. Il est à noter que *loi* peut être pris exceptionnellement en bonne part. Ainsi dans *Le Tonnerre, Intellect parfait*, dont la pleine appartenance à la littérature gnostique n'est d'ailleurs pas assurée, où la Brontè proclame : « C'est moi qu'on appelle la loi et vous m'avez appelée la non-loi » (NH VI, 2, p. 16). C'est question d'ironie. Quand les Archontes sont qualifiés, dans *l'Hypostase des Archontes* (NH II, 4, p. 93) d'êtres sans loi, l'auteur entend signifier leur injustice et leur dérèglement. Ils ont une loi venant d'eux-mêmes, selon le *Deuxième traité du Grand Seth*, NH VII, 2, p. 61. Déplorable autonomie !

192. *Lettre à Flora*, 4:1-12.

la meilleure des geôlières car elle retient l'âme dans le cachot corporel et préserve la Loi[193], loin de la dissoudre. Même si tous les écrits gnostiques ne sont pas de la même trempe encratiste que *Le Livre de Thomas,* ils participent de la même condamnation du commerce charnel[194]. Il est clair toutefois qu'à l'ordre d'excellence auquel les pneumatiques prétendent appartenir nul n'adhère par une simple victoire sur soi. L'ascèse n'est pas tant moyen de parvenir à la vertu que gnose, en ce qu'elle met en évidence, par dépouillements successifs l'être réel. On est déjà de la vérité et non son occasionnel dépositaire. L'anomisme n'est pas anarchisme, puisque l'être se règle sur l'archè pléromatique. L'anthropologie valentinienne ne saurait faire de l'angoisse une réalité première que pour les seuls psychiques dans la mesure où ils ont à se décider pour ou contre l'esprit. La morale et les bonnes œuvres sont requises des psychiques[195]. Les pneumatiques, pour leur part, sont déjà ce qu'ils doivent être. En eux, la liberté n'est pas devant elle-même. Elle ne se réfléchit pas puisqu'elle n'a pas le caractère du choix. Elle s'identifie au pur exercice de l'esprit[196]. Sand évoque dans un

---

193. *Témoignage véritable* NH IX, 3, p. 30.

194. Exception faite du carpocratisme pour qui le passage par tous les états humains est obligé afin d'échapper à la matière. Sade mentionne à cet égard les caïnites pour qui l'incontinence frayait la voie du salut (*Histoire de Juliette*, p. 344-345). Ce que traduit Sade avec sa froideur de serpent : « Il est à jamais perdu celui qui ne parcourt pas jusqu'au bout la carrière du vice, une fois qu'il y est entré » (*La Nouvelle Justine*, p. 730).

195. Tertullien, *Contre les Valentiniens,* XXX, 1.

196. Tertullien en déduit l'antinomisme : « Libre à eux (les pneumatiques), au contraire, d'affirmer leur naissance en menant une vie dissolue et en se complaisant dans le péché, car Achamoth est indulgente pour les siens, elle qui a progressé en péchant » (*Ibid.*, XXX, 3). En réalité, le pneumatique est promis à un salut certain par nature (cf. *Ibid.*, XXIX, 2).

« vertige du mal » susceptible de se saisir d'un individu[197] Pour le dire autrement, l'anthropologie valentinienne étend à l'homme ce qui relève du saint. En effet, le probe Kant enseigne qu'alors que la pureté qualifie la volonté humaine dès lors qu'elle se détermine, en dépit de sa fragilité, à agir dans la seule intention d'obéir à la loi morale (chose difficile à observer, mais non impossible en soi), la sainteté n'a pas à suivre une prescription : « Il n'y a pas d'impératif valable pour la volonté *divine* et en général pour une volonté *sainte* ; le verbe *devoir* est un terme qui n'est pas ici à sa place, parce que déjà de lui-même le *vouloir* est nécessairement en accord avec la loi »[198]. Plus de place pour la vertu pour ce qu'il n'y a pas d'obstacles à déjouer[199], ni pour la conversion qui suppose une mutation de l'être en vue d'une rupture avec mal[200]. Il est vrai que le philosophe prend soin de préciser que la sainteté n'est pas l'apanage de l'homme.

Les Valentiniens jettent un pont entre la transgression de la Loi et l'accès à la gnose, ce que Marcion n'aurait pu concevoir dont le Dieu inconnu vient, par geste ingressif, payer le tribut de la faute. L'opposition entre la Loi et la Grâce n'ôte à la première ni son aiguillon ni sa légitimité. L'humanité pouvait être enfermée à jamais dans le cercle du péché et du châtiment sans qu'elle ait eu le moindre soupçon de l'existence du Dieu d'amour. La raison en est qu'entre les âmes et ce Dieu il n'existe aucune continuité ontologique contrairement à ce qui s'enseigne dans la doctrine valentinienne où le gnostique, parce qu'il est

---

197. *Œuvres autobiographiques*, I, p. 1094.
198. *Fondements de la métaphysique des mœurs*, Ak IV, p. 414.
199. Cf. *Doctrine de la vertu*, Ak VI, p. 394.
200. *La Religion dans les limites de la simple raison,* Ak VI, p. 74.

immortel dès l'origine et fils de la vie éternelle[201], est celui qui répond à un appel plutôt qu'il n'obéit à une loi. Que s'il adhère à la volonté de celui qui l'a convoqué à lui[202], ce n'est pas sans savoir qu'il est d'en haut, ou pour dire les choses rigoureusement, que l'appelant et l'appelé sont homogènes, le Père étant la racine de l'appelé[203].

Selon Marcion, l'étrangèreté du Dieu d'amour est absolue au point d'interdire toute analogie, comme celle qui lie le Créateur et sa créature, le Législateur et ceux qui sont sous la Loi, le Condamnateur et ceux qui sont désormais au pouvoir de la mort. D'autant plus remarquable la délivrance qu'elle s'étend à ceux qui ne sont pas issus du Sauveur. L'Étranger adopte des étrangers, geste qui est marque de l'amour pur[204]. Inversement, toute transgression de la Loi ne fait que renforcer l'emprise du Législateur. Loin d'être injuste, la sanction est proprement ce qui est requis. La Loi n'est guère le péché, seulement sa force. Ce qui est substitué au nomisme par le Dieu d'amour n'est nullement l'antinomisme (comme s'il fallait désormais s'amuser à agir à contre-pente du précepte moral), ni même l'anomisme (comme si le péché n'avait pas eu lieu ou que ce n'en fût pas un), mais plutôt le supranomisme dans la mesure où le Sauveur n'est pas né sous la Loi, ce qui ne l'empêche pas d'incarner la vraie justice. Dans ces conditions, s'il n'y a pas, selon Marcion, de rapport entre la transgression de la Loi et l'accès à la gnose, il y en a un entre le salut et le scrupuleux attachement exclusif à la

---

201. D'une homélie de Valentin citée par Clément d'Alexandrie, *Stromates*, IV, 89, 2.
202. *Évangile de vérité*, NH I, 3, p. 22.
203. *Ibid.*, p. 41.
204. « Si ab alio deo est, magis amavit quando alienum redemit » (Tertullien, *La Chair du Christ*, IV, 3).

Loi, en quoi l'hérétique se montre fidèle à saint Paul, tout en se gardant, à son tour, d'inviter au libertinage. Il n'y a donc pas de salut possible du péché sans affranchissement du joug du Cosmos et du Nomos, pas plus qu'il n'y en a pour ceux qui mettent toute leur application et toute leur complaisance dans l'observance de la Loi. Bel exemple d'ironie : les justes comme Noé, Abraham et les autres ont pensé subir une nouvelle tentation de Dieu lorsque le Christ fit apparition dans le Shéol, si bien qu'ils ne le crurent pas. Seuls les suppliciés, les injustes, surent profiter de la main tendue [205] : ils n'avaient, après tout, rien à perdre ! Ainsi seuls furent sauvés les irrespectueux de la Loi, bien que ce ne fut pas directement pour ce motif. Il y a lieu ici de distinguer transgression et disqualification de la Loi. Celle-là donne dans l'antinomisme, celle-ci dans le supranomisme. Les contenus sont tout à fait différents : concupiscence ici, foi là-bas. La séparation opérée par Marcion, et que Tertullien a fort bien perçue[206], entre Loi et Évangile s'explique par le fait que la première empêche la foi, bien loin de la fonder, pour la bonne raison que l'amour gratuit et miséricordieux est par lui-même apte à rendre bons ceux qui croient dans le Dieu étranger et son pouvoir rédempteur. En tout état de cause, la liberté[207] acquise par l'anomisme fidéiste ne porta pas les marcionites à la luxure pour ce que la matière est une créature du Dieu de ce monde. De là un jeûne rigoureux et

---

205. Cf. Irénée, *Contre les hérésies*, I, 27, 4.

206. *Contre Marcion*, I, 19, 4. Il est à noter que seules les âmes sont sauvées, le Christ n'achetant pas les corps qui demeurent la propriété du Cosmocrator. Ce qui est issu de la vérité ne meurt pas, ce qui est issu de la femme meurt (*Dialogue du Sauveur*, NH III, 5, p. 140).

207. « Comme ils nient qu'on doive craindre Dieu, tout chez eux est libre et sans règle » (Tertullien, *De la prescription contre les hérétiques*, XLIII, 3).

une stricte continence sexuelle[208] qui fait fi des préceptes théomondains. L'ascèse ici n'est pas révélatrice d'une gnose, seulement d'une libération, mais aussi d'un état, non pas immémorial, mais précisément acquis de par la grâce.

Et d'ailleurs, on n'a pas tout dit lorsqu'on souligne le caractère matériel du chaos gnostique. Il importe de marquer que pour ceux qui la prennent en bonne part, c'est la loi du monde qui est à rejeter, l'esprit devant se régler sur la quiétude et l'harmonie pléromatiques.

La Loi, c'est l'impératif, tandis que l'être, c'est l'indicatif. La gnose, elle, relève de l'impératif dans la mesure où elle enjoint de l'étreindre, et de l'indicatif dès lors qu'elle révèle une condition surnaturelle qui doit libérer de la soumission à la Loi. Ce statut intermédiaire s'explique par la dimension d'appel qu'elle recèle, que cet appel procède à la fois de l'extérieur et de l'intérieur, ou qu'il s'identifie absolument à la spontanéité de l'intime. Que vienne à manquer l'intimation extérieure, demeure toujours la possibilité d'un ressouvenir immanent, tout de même que la Loi dans le cœur persiste même lorsque la Loi extérieure s'est effacée de l'horizon. Mais il y a ici à apporter une précision. Pour ce que la loi morale inscrite dans le cœur y a été introduite comme un élément étranger, la différence est négligeable entre l'hétéronomie et l'autonomie, car dans ce cas, l'intérieur demeure hétérogène bien qu'il ne soit plus de nature à heurter le sentiment. Que l'écriture soit gravée sur des tablettes ou dans des cœurs, cela ne touche pas à l'essentiel. Quand bien même l'on insistait sur le fait qu'il n'y a pas eu un temps où l'âme exilée dans le monde

---

208. Tertullien, *Contre Marcion*, I, 29.

chaotique des passions ne fut pas détentrice de la Loi immanente, en sorte qu'il faudra reconnaître qu'elle lui est en réalité homogène, puisque sans ladite Loi, elle ne serait pas âme humaine, le gnostique répliquerait que c'est la notion même de création qui fait problème car, dans ce cas, la Loi serait toujours reçue. Que si une spontanéité morale est à l'œuvre en l'âme, elle serait de pure fonction, alors que la véritable spontanéité implique génération. Ce n'est pas d'être autonomie qui fait la Loi intérieure identique à la liberté, c'est d'être éternellement productrice. L'explication que propose Schelling de l'oppression exercée par la Loi morale intérieure en l'homme déchu ne manque pas de profondeur : « Séparé de Dieu, le Moi est captif sous la Loi comme sous une puissance distincte de Dieu ; il ne peut ni dépasser celle-ci, car il est entièrement courbé sous elle, ni lui échapper, car la Loi est pour ainsi dire entrelacée à sa volonté et enfoncée en elle. Sous la Loi, le Moi est tout aussi peu à son aise en lui-même. Répugnance et aversion à l'égard de la Loi, voilà ce qu'il éprouve de manière immédiate et naturelle, d'autant plus naturelle que celle-ci lui apparaît plus dure et impitoyable »[209]. Considérée au prisme de l'analyse de Schelling, la position de Michel Henry devient insatisfaisante. C'est que pour pertinente que puisse sembler sa critique de la Loi extérieure (celle de l'Ancien Testament, dans le contexte de *C'est Moi la Vérité*) qui ne peut se manifester que dans le monde, lequel est étranger à la subjectivité (et donc à la vie) et ne peut produire la chose qu'elle exige, c'est fort peu demander à la Loi intérieure que d'intimer à celui qui lui est soumis de *vivre* et d'être ce Soi vivant et nul autre[210], car tout de même

---

209 . *Introduction à la philosophie de la mythologie*, SW XI, p. 554 (tr. fr. Gallimard, Paris, 1998, p. 511).
210. *C'est Moi la Vérité*, Paris, Seuil, 1996, p. 230.

que l'homme se trouvait impuissant à se soumettre à la Loi extérieure, il se voit ici dans la situation d'être incapable de désobéir à la Loi immanente, car il aura beau faire, cesser d'être ce Soi vivant, il ne le peut qu'en fantasme. Ce n'est pas seulement que le péché manque terriblement de réalité, puisque rejeté dans la sphère de la représentation, mais l'intrépide liberté que la vie consent aux vivants se réduit à l'exercice des pouvoirs de l'ego. À trop insister sur la génération du vivant dans l'auto-génération de la Vie absolue, ne vivant que de celle-ci, et dans l'essence de laquelle il accomplirait la sienne[211], on perd de vue tout l'élément de la spontanéité créatrice, la pulsion d'auto-croissance de la vie du vivant qui veut être vécue dans sa force et ses propres pouvoirs d'engendrement. La carence de la morale gnostique n'en devient que plus évidente : la réalisation qu'elle exige n'est pas essentielle pour ce qu'elle opère par réduction et émondage. Étant mise à découvert, le changement n'apporte rien de fondamentalement nouveau. On n'obtient pas l'être essentiel par un faire, mais par un défaire. L'existence ne paraît pas possibilisation et accomplissement, liberté processuelle, temporalité sans laquelle point de connaissance valide et point de vie qui s'assure d'elle-même, moyen de donner vigueur au foyer intérieur à la mesure de l'acte engageant une lutte avec le monde.

Il est d'ailleurs à remarquer qu'Henry ne prend pas pour cible la seule hétéronomie. Il adresse également ses flèches à l'autonomie, car se prendre pour son propre maître (devenir ainsi un fils dégénéré[212]) implique un renoncement à la loi d'amour de Dieu et des autres, et par

---

211. *Ibid.*, p. 233.
212. *Ibid.*, p. 224-225.

là, précipite dans une indigence qui n'est pas inférieure à celle que génère la Loi extérieure.

Qu'en est-il de la théonomie? Tout bien considéré, on la peut comprendre selon deux lignes opposées, celle de Barth pour qui le commandement divin vient nécessairement de l'extérieur et ne justifie que pour autant qu'il juge, et celle de Tillich qui estime que la volonté de Dieu coïncide avec notre nature déclarée bonne. Pour le premier, la théonomie est hétéronomie. On sait que Barth ne saurait admettre une prescription de Dieu qui viendrait comme un partenaire plutôt que comme un maître[213]. « Le commandement n'est pas en nous, il *vient* à nous »[214]. Pour le second, la théonomie comporte un élément d'autonomie : on ressent le précepte divin comme n'étant pas étranger à soi si bien que le transcendant advient comme la profondeur de l'être. On se rappelle une des grandes idées de Nicolas de Cues suivant laquelle les commandements divins sont connus de tous et communs à l'ensemble des nations. La lumière qui nous les montre est inhérente à l'âme raisonnable et créée avec elle[215].

Parmi les commandements, il en est par qui se pose d'une manière originale la question de l'autonomie, celui d'aimer, car l'amour est anomique en son noyau et comme dit un personnage de Sand, il est « sauvage, et vouloir le moraliser, c'est n'y rien comprendre et ne l'avoir jamais ressenti »[216]. La morale en tant qu'elle est une façon de quadriller le monde humain use de l'amour comme d'un

---

213. *Éthique*, II, tr. P. Rusch, Paris, PUF, 1998, p. 62.
214. *Ibid.*, p. 160.
215. *La Paix de la foi*, § 59.
216. *Le Dernier Amour*, p. 292. « Folie sérieuse » dans *La Comtesse de Rudolstadt*, ch. XXII.

auxiliaire. Quel amour ? Celui qui agrège, l'éros qui unifie les éléments du grand tout. Mais l'amour peut également agréger contre, dresser un couple face à la société. Il arrive aussi qu'il isole l'amant inconditionnellement attaché à son sentiment et renverse le système en place des droits et des devoirs, et pas seulement tel en particulier, mais n'importe lequel car soit il en sape les fondements, soit il passe à côté comme s'il n'avait pas la moindre valeur en sorte qu'il répudie par sa seule attitude toute collusion de la morale et de la religion positive. Et son destin est à même ici d'être en connivence avec le destin de l'artiste : « Écoute la voix de l'artiste, lui seul connaît la vérité, car il connaît l'amour. Il a le feu sacré qui ne daigne pas répondre aux cas de conscience ; le feu ne raisonne pas, il consume. Il ne s'explique pas plus que Dieu ; il éclaire et embrase »[217].

NOTE COMPLÉMENTAIRE I

L'OUROBOROS ET LE SYSTÈME DU SAVOIR

La représentation d'un serpent qui se mord la queue signifie le cycle perpétuel de la nature comme renaissant de soi (à son instar l'animal absolu se tue, se concentre et s'enfante), ce qu'exprime la formule de l'hermétisme et de l'alchimie ἕν τὸ πᾶν (l'un est tout) qui se lit d'ailleurs à l'intérieur d'un ourorobos (οὐρά : queue ; βορός : qui mange) dans le traité intitulé *Chrysopoeia*. Ἐν καὶ Πᾶν (l'un et tout) devint le mot d'ordre du panthéisme à l'aube de l'idéalisme allemand avant de fonder le système du

---

217. *Ibid.*, p. 104.

savoir comme unitotalité dans la circularité enserrant l'être entier dans ses puissants anneaux (ainsi que chez le Schelling de la philosophie de l'Identité et le Hegel de l'*Encyclopédie*) en sorte de permettre aux opposés de s'entrelacer et d'échanger leurs idiomes sans préjudice de leur différence, l'absolu étant identité de l'identité et de la différence, de l'uni et du séparé[218]. « Qui peut faire la différence entre la rosée du paradis et le venin craché par le serpent ? »[219]

---

218. La mise en forme totalisante doit prendre la voie d'un développement circulaire qui n'est, finalement, qu'une perception de soi (c'est là se mordre la queue, se nourrir de soi-même). Ce dont on a conscience, c'est d'une conscience des choses. Le problème est que la fermeture sur soi-même en un cycle parfait ne livre pas l'être au savoir, mais la seule subjectivité connaissante en sa validité internelle. « Je me voyais me voir ». Sur la circularité du système, voir le *Système de l'idéalisme transcendantal* de Schelling qui fait remarquer qu'un système est achevé lorsqu'il est ramené à son point de départ (SW III, p. 628).

219. Achim von Arnim, Préface aux *Gardiens de la couronne.*

Or la science est double, fille d'intellect et de sensation, ce que reconnaît la figure de l'ouroboros double portant un dragon volant dans la partie supérieure du cercle (représentant le mercure philosophal) et un dragon terrestre dans l'inférieure (le soufre, le fixe[220]). La figure s'explique moyennant la formule vénérable qui veut qu'un serpent ne devient jamais dragon s'il ne dévore un congénère[221]. Comprenons : l'intellect se saisit des données fournies par la sensation et les digère et modifie afin de pouvoir planer au-dessus du monde sensible.

Il n'y a pas qu'un seul ouroboros. Ils s'enchâssent, système enveloppant un système. Celui de l'esprit subjectif n'est pas celui de l'esprit objectif, la logique n'est pas la nature. La philosophie absolue ne s'enferme pas dans un cercle à l'exclusion des autres. « Chacune des parties de la philosophie est un tout philosophique, un cercle qui se ferme sur lui-même ; mais où l'idée philosophique est dans une déterminité particulière, ou dans un élément particulier. C'est pourquoi, parce qu'il est en lui-même totalité, le cercle singulier brise aussi les limitations de son éléments et fonde une sphère plus vaste ; le tout se représente ainsi comme un cercle de cercles, dont chacun est un moment nécessaire, en sorte que l'ide totale est constituée par le système de ses éléments propres, et qu'elle n'apparaît pas moins dans chaque élément singulier »[222]

---

220. Illustration du *Donum Dei* d'Abraham Éléazar, Erfurt, 1735. Voir aussi Antoine-Joseph Pernety, *Dictionnaire mytho-hermétique,* Paris, 1758, p. 118.
221. Voir *L'Atalante fugitive* de Michael Maïer, discours XIV.
222. Hegel, *Encyclopédie,*§ 15 (tr. M. de Gandillac).

Athéna, dit le mythe, change en serpents la chevelure de Méduse qu'elle entend châtier. Voyons l'événement de cette façon : la déesse de la sagesse produit une effigie d'elle-même dont le chef s'orne des puissances de l'intellect.

NOTE COMPLÉMENTAIRE II

L'ANTIQUE SERPENT

Le Siracide (21:2) recommande de fuir devant le péché, comme on le fait face au serpent. L'Apocalypse de Jean (12:9) identifie le dragon, un serpent, qualifié d'antique, avec Satan qui égare le monde entier. Tirera de cette identification le profit que l'on sait Milton qui fait Satan s'incarner[223] dans un reptile endormi afin de tenter Ève. Mais il y a très loin du plus rusé des animaux (et encore davantage du plus sage-et-prudent (*phronimos*) d'entre eux – voir Matthieu 10:16) à l'ange révolté : toute l'extension de la Bible et même au-delà. Le comparse de Genèse III n'est pas Satan bien que ce dernier puisse lui être superposé sous une forme ou une autre, ce que suggère l'Apocalypse dans un geste interprétatif. Mais l'allusion première est au dragon (*tannîn*) d'Isaïe (27 :1) et à Léviathan, serpent (*naḥaš*) tortueux, qui représentent la puissance primordiale, initialement vaincus par Yahvé et, à la fin des temps, tous deux tués par lui. Dans Isaïe

---

223. « Moi qui naguère combattis / Les dieux pour siéger au plus haut, me voici forcé / D'entrer dans une Bête, et de me mêler à la fange bestiale, / À incarner et embrutir cette essence, / Qui aspirait à la hauteur de la Déité » (*Paradis perdu,* IX, 163-167).

51:9, le dragon est blessé, tandis que Rahab monstre téhomique et figure de la babylonienne Tiamat est dépecé.

L'antique serpent est de droit antérieur au tentateur bien que ce dernier en soit une expression, une parmi bien d'autres, l'expression de la présence de l'abîme dans le cœur humain (comme dit Baudelaire)[224] quelque dévoué qu'il soit devenu aux Lumières de l'entendement[225]. En tant que serpent dans l'âme, il figure le mouvement total de la croissance (à la fois *prima materia, ultima materia* et le milieu expansif). Mais il ne l'est qu'en tant que mise en forme de la puissance principielle et celle-ci, à son tour, est une de hypostases déterminées de l'abîme. De quoi résulte que le serpent est, parmi les créatures, ce qui ressortit immédiatement à la non-créature. Et c'est pour cela même qu'il est par nature transgressif. Il représente en toute forme ce qui est à l'étroit en elle[226]. « Sous le monde, il y a le feu, il y a le serpent », dit Ernst Bloch

---

224. « Je sens s'élargir dans mon être / Un abîme béant ; cet abîme est mon cœur » (*Delphine et Hippolyte*).

225. Ce que Beethoven avait noté : « Pour ce qui regarde les démons des ténèbres, je vois que même dans la plus brillante lumière de notre temps ils ne se laissent pas évincer » (Lettre à Breitkopf du 10 mars 1815).

226. Paul Ricœur est parfaitement fondé de dégager trois aspects de la figure du serpent de la Genèse : celui qui représente une part de nous-mêmes qui nous tente et fais succomber ; celui qui manifeste un mal déjà là, « l'envers de ce qui commence » et qui « fait partie de la connexion interhumaine » ; et enfin celui qui symbolise « un côté de notre monde qui nous affronte comme chaos » (*Philosophie de la volonté* II, *Finitude et culpabilité*, ii *la Symbolique du mal*, Paris, Aubier, 1960, p. 240-242). Mais plutôt que de les juxtaposer, je préfère les superposer. En outre le terme de « côté » me paraît insuffisant car l'abîme se tient en deçà du monde tout en y surgissant à l'occasion.

traitant de Schelling[227]. Il dure et résiste au saint, comme dans le folklore[228]. En devenant l'arbre de la connaissance du bien et du mal, il se scinde. Il n'y a pas qu'un seul serpent édénique, mais bien deux. L'arbre l'atteste et le bien potentiel le signifie. Écoutons là-dessus Jean Giono : « La terre est accroupie dans le ventre du ciel comme un enfant dans sa mère. Elle est dans du sang et des boyaux. Elle entend la vie, tout autour, qui ronfle comme du feu. Une veine bleue entre comme un serpent dans sa tête. C'est par là qu'elle se remplit de sa charité. Une artère rouge entre comme un serpent dans sa poitrine. C'est par là qu'elle se remplit de sa méchanceté »[229].

« Un jour tout deviendra visible »[230]. Le serpent du jardin le fut, l'antique serpent le sera. L'abîme ne fut et ne sera jamais visible qu'en l'autre que soi.

NOTE COMPLÉMENTAIRE III

L'ARBRE DE LA VIE

ET DE LA CONNAISSANCE

J'ai fait remarquer que, selon Genèse 2:9 et 3:3, les arbres de vie et de connaissance s'élèvent tous deux au milieu du jardin. Soit côte à côte, soit entrelacés, soit identiques. Il plaît à Méphistophélès de les opposer

---

227. *Droit naturel et dignité humaine*, tr. D. Authier & J. Lacoste, Paris, Payot, 1976, p. 253.
228. Voir *Le Défilé du serpent* de Bram Stocker (ch. II).
229. *Récits et* essais, Paris, Gallimard, Bibl. de la Pléiade, 1989, p. 118.
230. Lenz, *La Leçon d'allemand*, ch. XI.

(« Grise, cher ami, est toute théorie
Et vert l'arbre d'or de la vie »[231]),

alors que le serpent de la gnose les unit. En tant que serpent, il s'identifie à la vie ; de la gnose, à la science du bien et du mal. De l'arbre l'énergie. L'esprit de l'arbre qui serpente.

Qu'est-ce que la vie ? Intelligence et ruse. Volonté et adaptation. Pulsion et persévérance. Bien et mal. Mort et survie.

Que dit l'ouroboros ? Rien d'autre que ce qu'enseignait Hugues de Saint-Victor en son *Didascalicon* : « Toute la nature est pleine de signification, et rien dans l'univers n'est stérile ».

NOTE COMPLÉMENTAIRE IV

SERPENTINA ET L'ATLANTIDE

L'étudiant Anselmus tombe amoureux de la ravissante jeune fille Serpentina qui n'est au fond que l'animal que son nom annonce, mais animal féerique doué de parole et de passion amoureuse. Après bien des péripéties que Hoffmann retrace dans *Le Vase d'or*, ils finissent par convoler et se rendre au merveilleux pays de l'imagination poétique, dénommé Atlantide (ce qui est mieux que de s'établir parmi les humains comme le fit Mélusine). Le bonheur d'Anselmus se découvre, dans la toute dernière phrase du roman, comme « la vie dans la

---

231. Goethe, *Faust*, 2038-2039.

poésie (*das Leben in der Poesie*) qui révèle l'harmonie sacrée (*der heilige Einklang*) de tous les êtres en tant que le secret le plus profond de la nature ». Ce qui, après tout, est le fin mot de l'ouroboros de la philosophie de l'Identité. Mais l'Identité n'est-elle pas d'abord l'adéquation à soi du psychisme, le geste même de la connaissance de soi, ainsi qu'il advint, en sa jeunesse, à la parque de Valéry mordue par un serpent qui n'est autre qu'elle-même subissant mutation dans l'ordre de l'esprit ?

> « Je me voyais me voir, sinueuse, et dorais
> De regards en regards, mes profondes forêts. (…)
> Le poison, mon poison, m'éclaire et se connaît :
> Il colore une vierge à soi-même enlacée »[232].

---

232. *La Jeune Parque,* 35-36, 44-45.

TABLE DES MATIÈRES